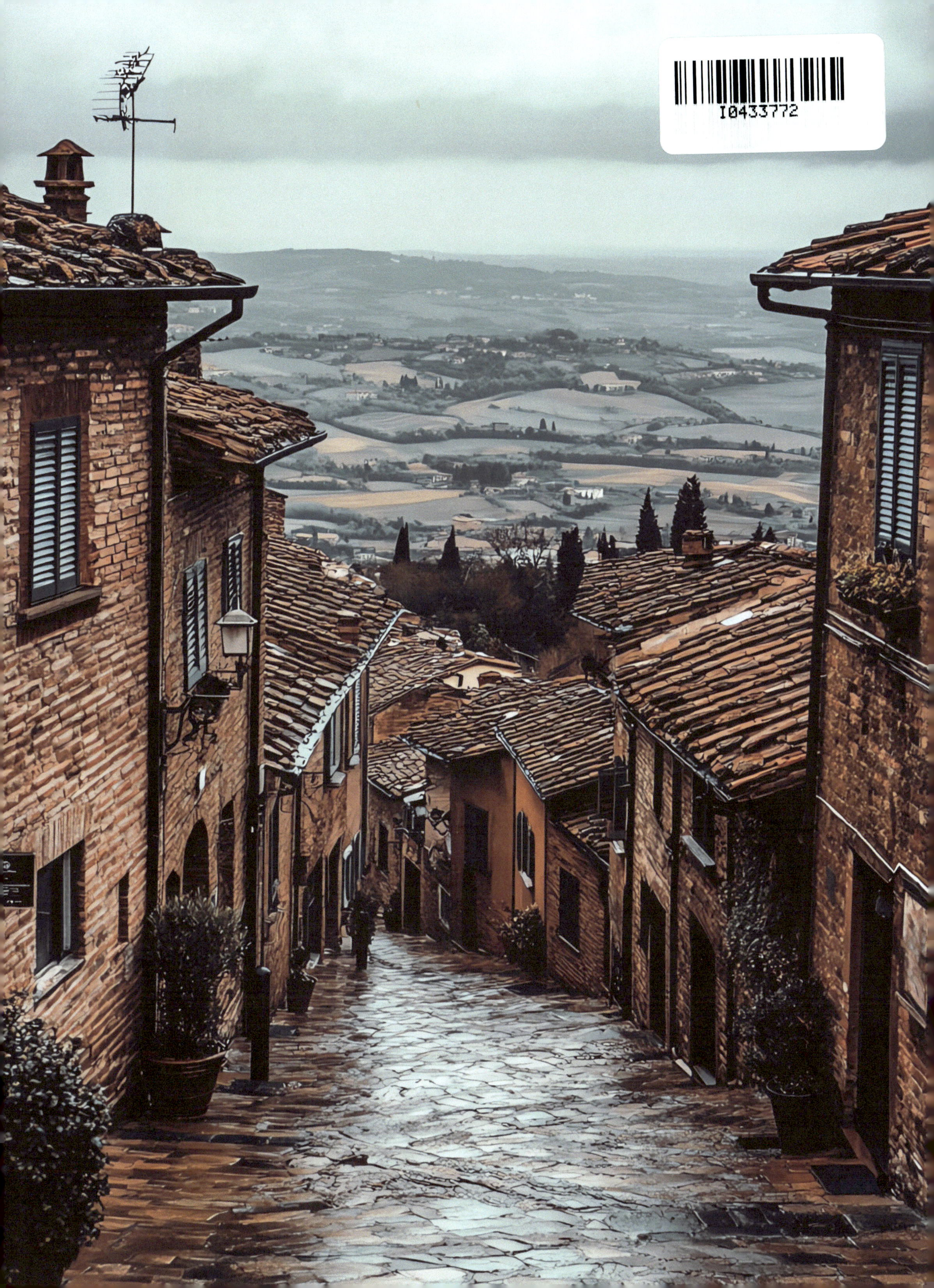

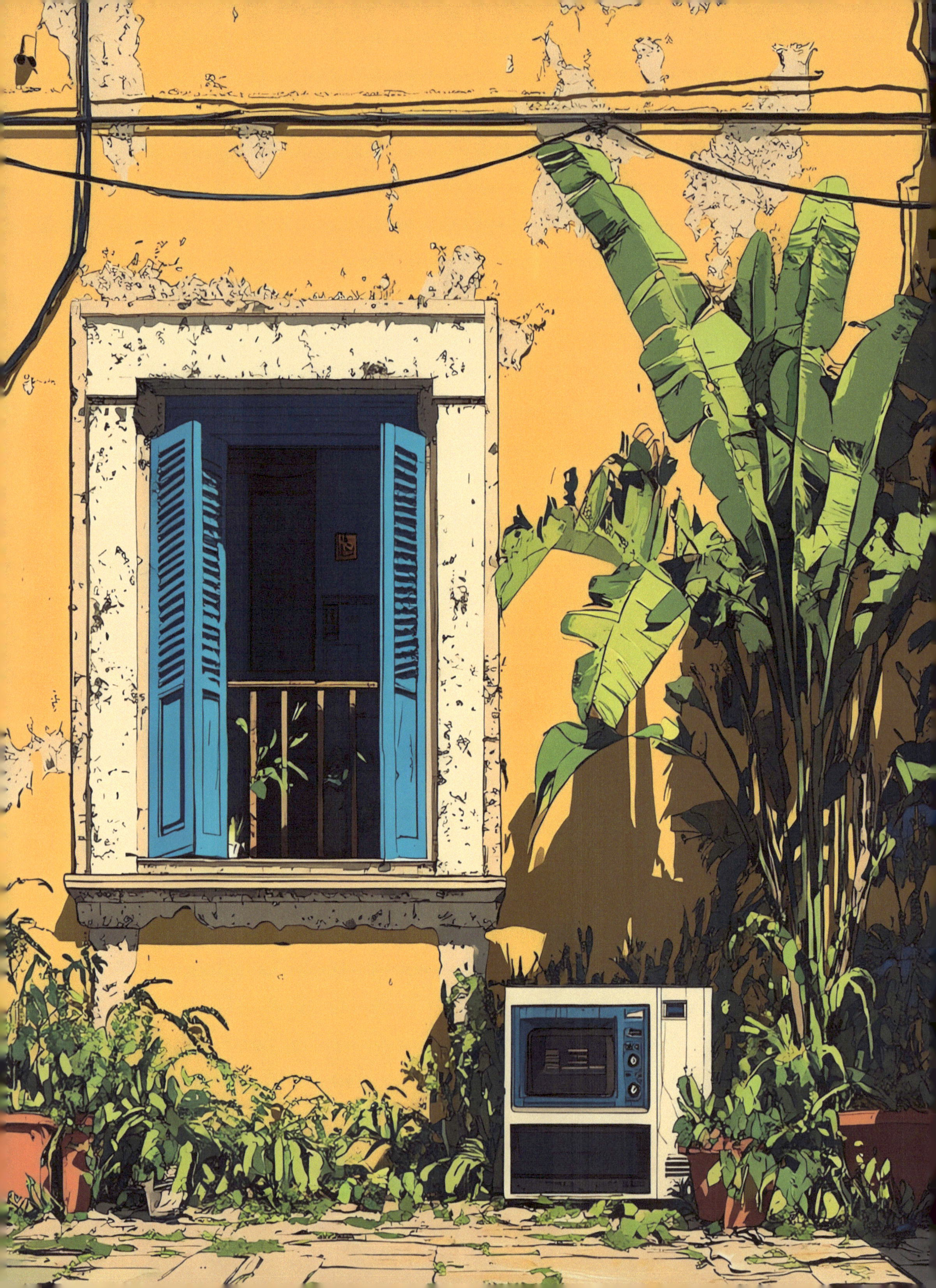

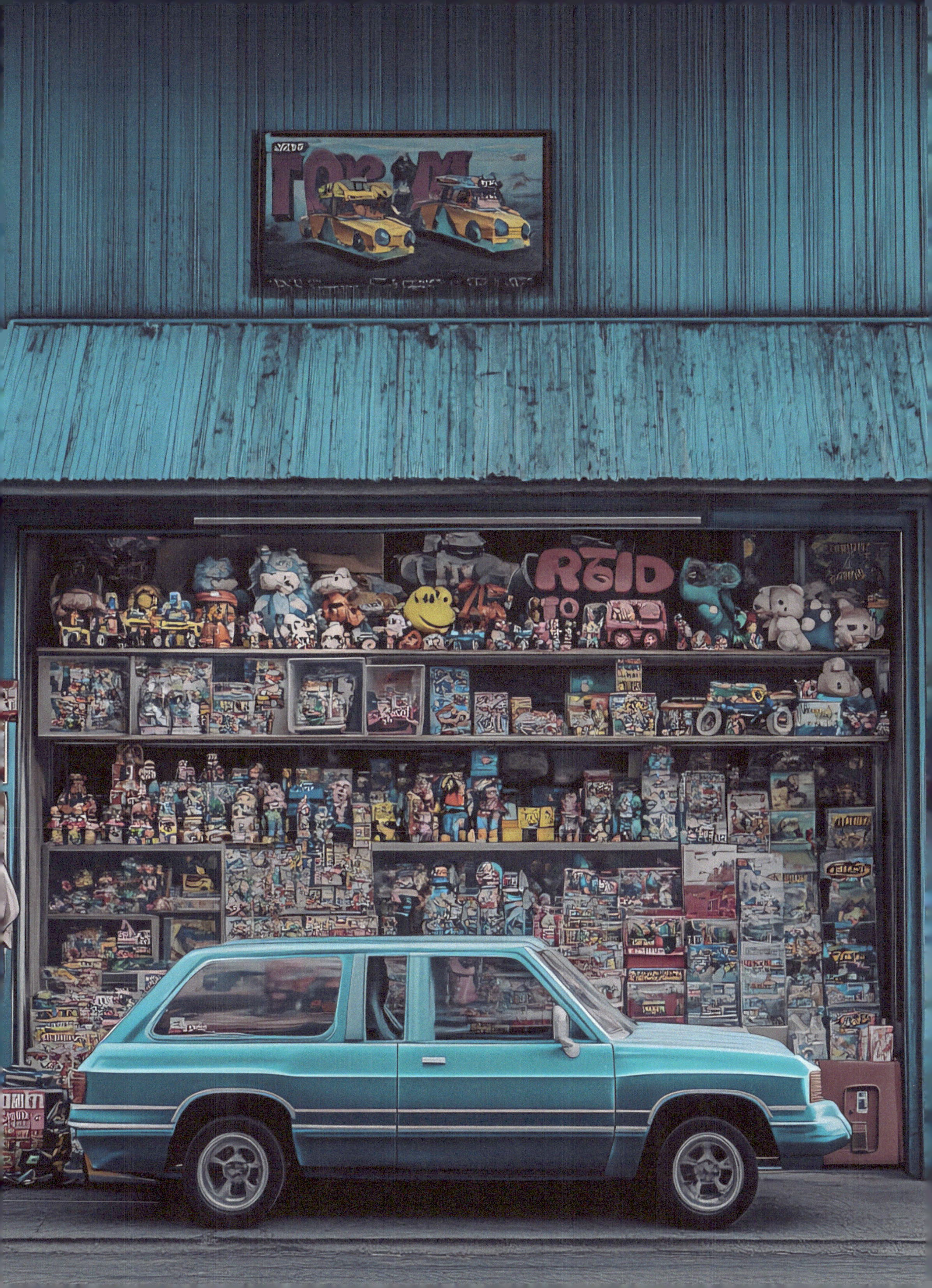

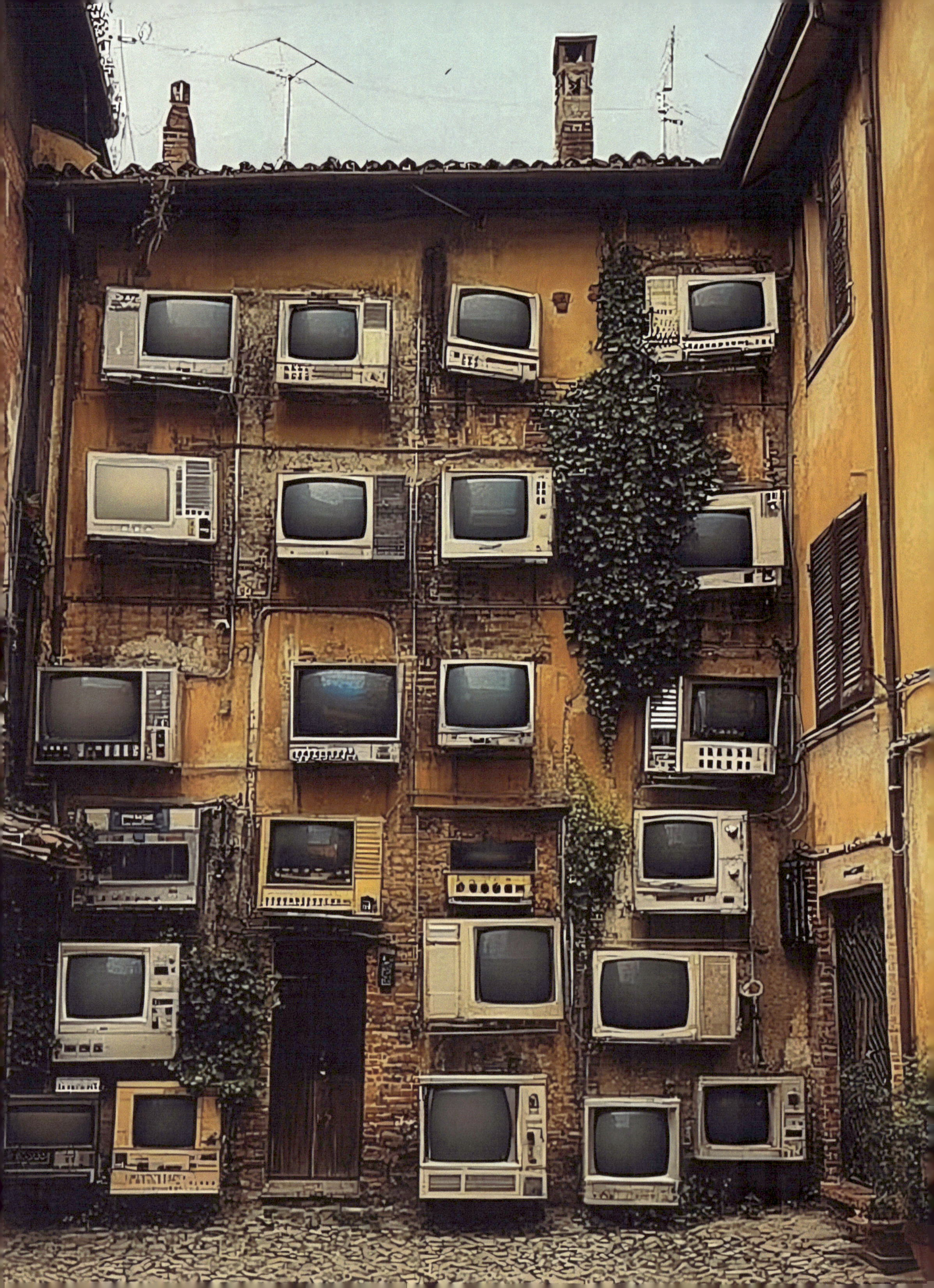

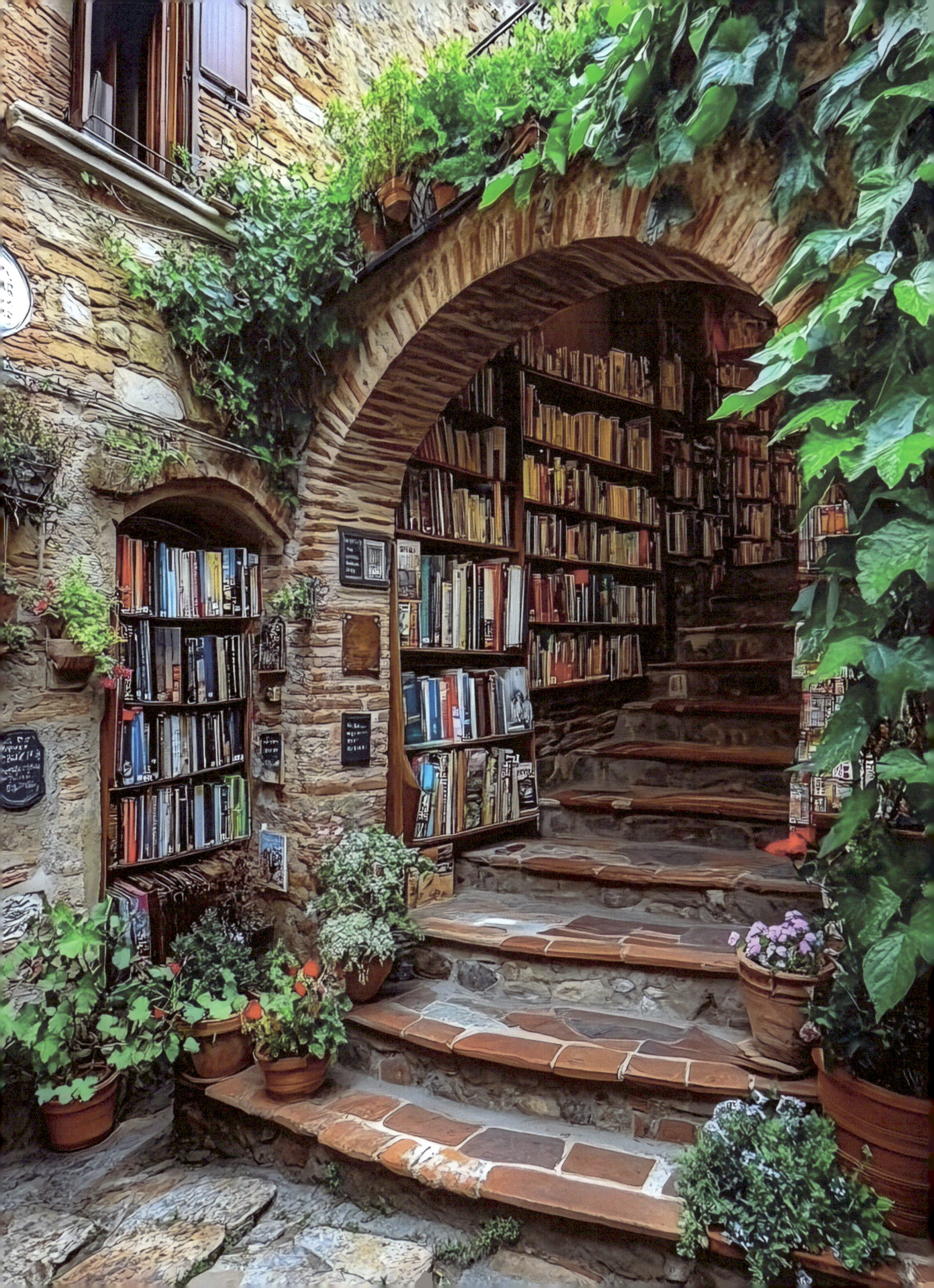

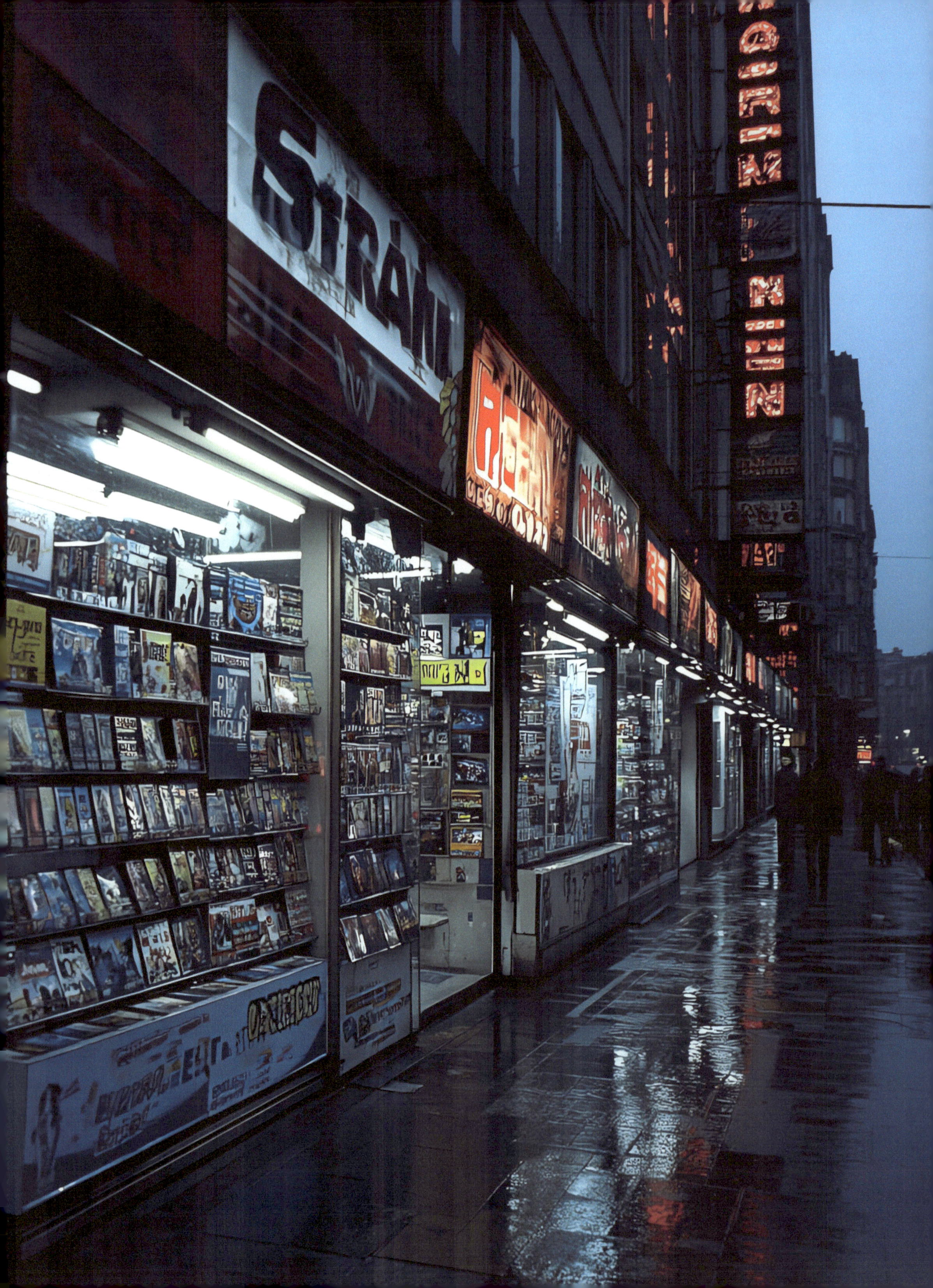

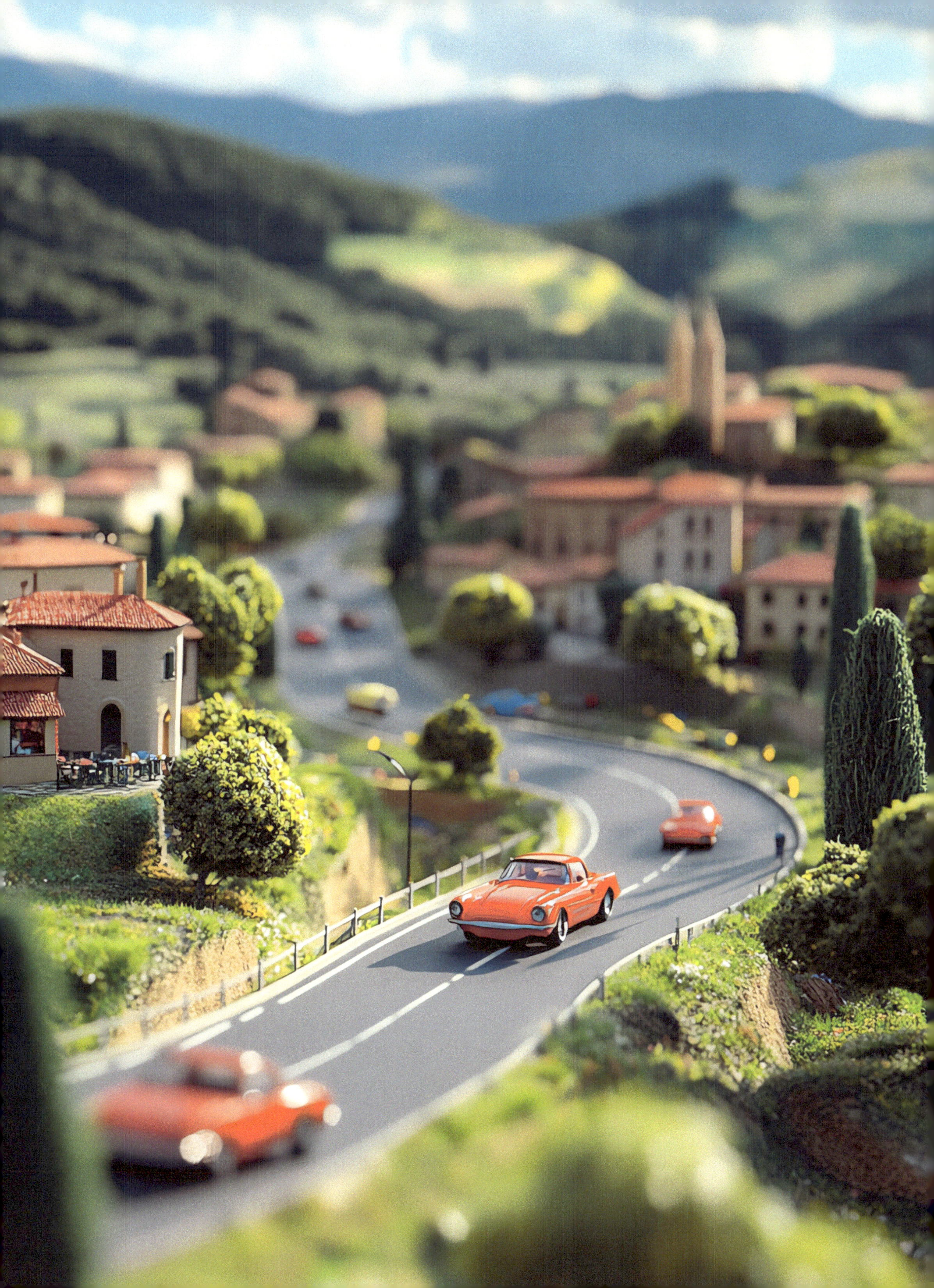

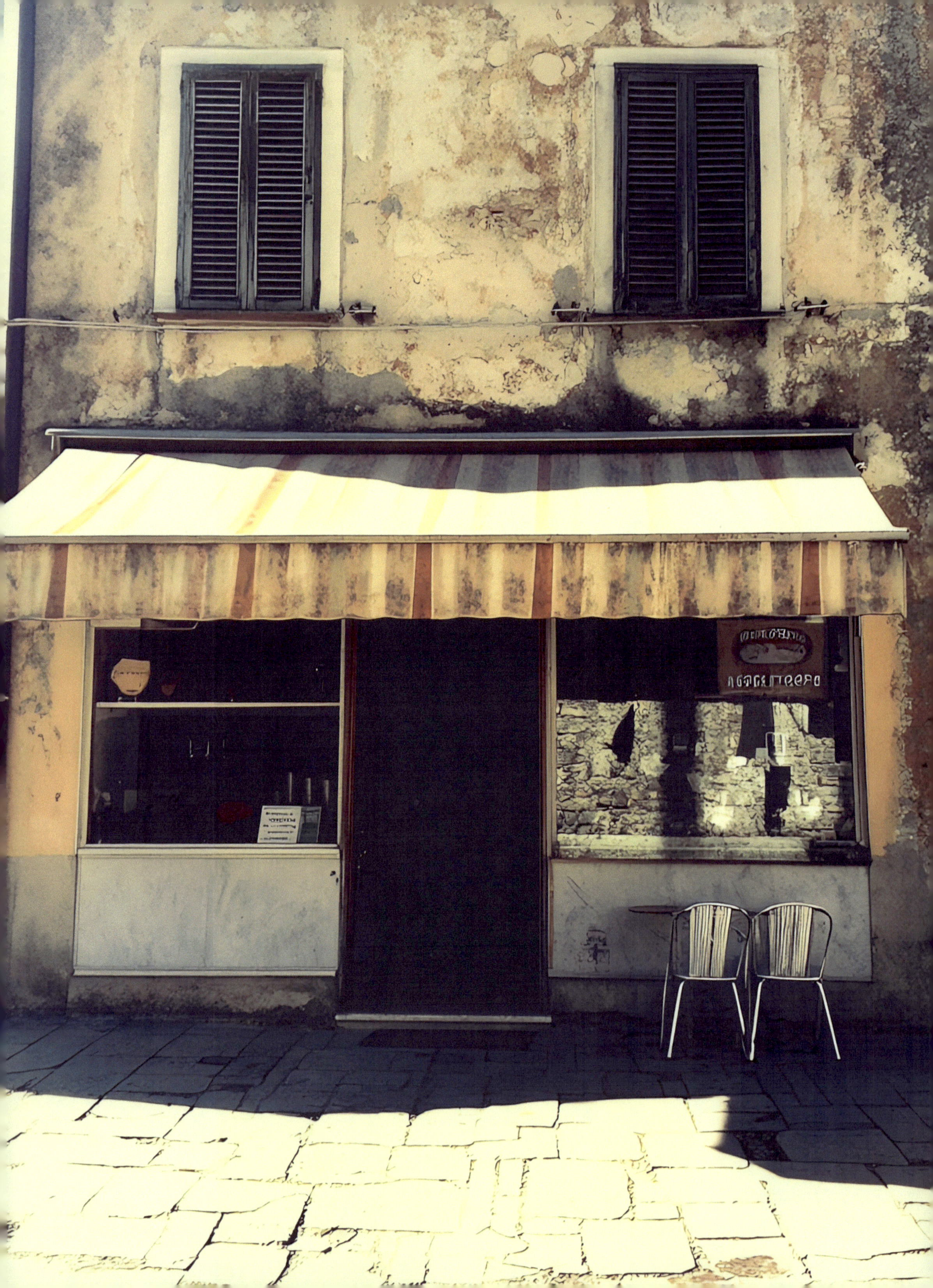

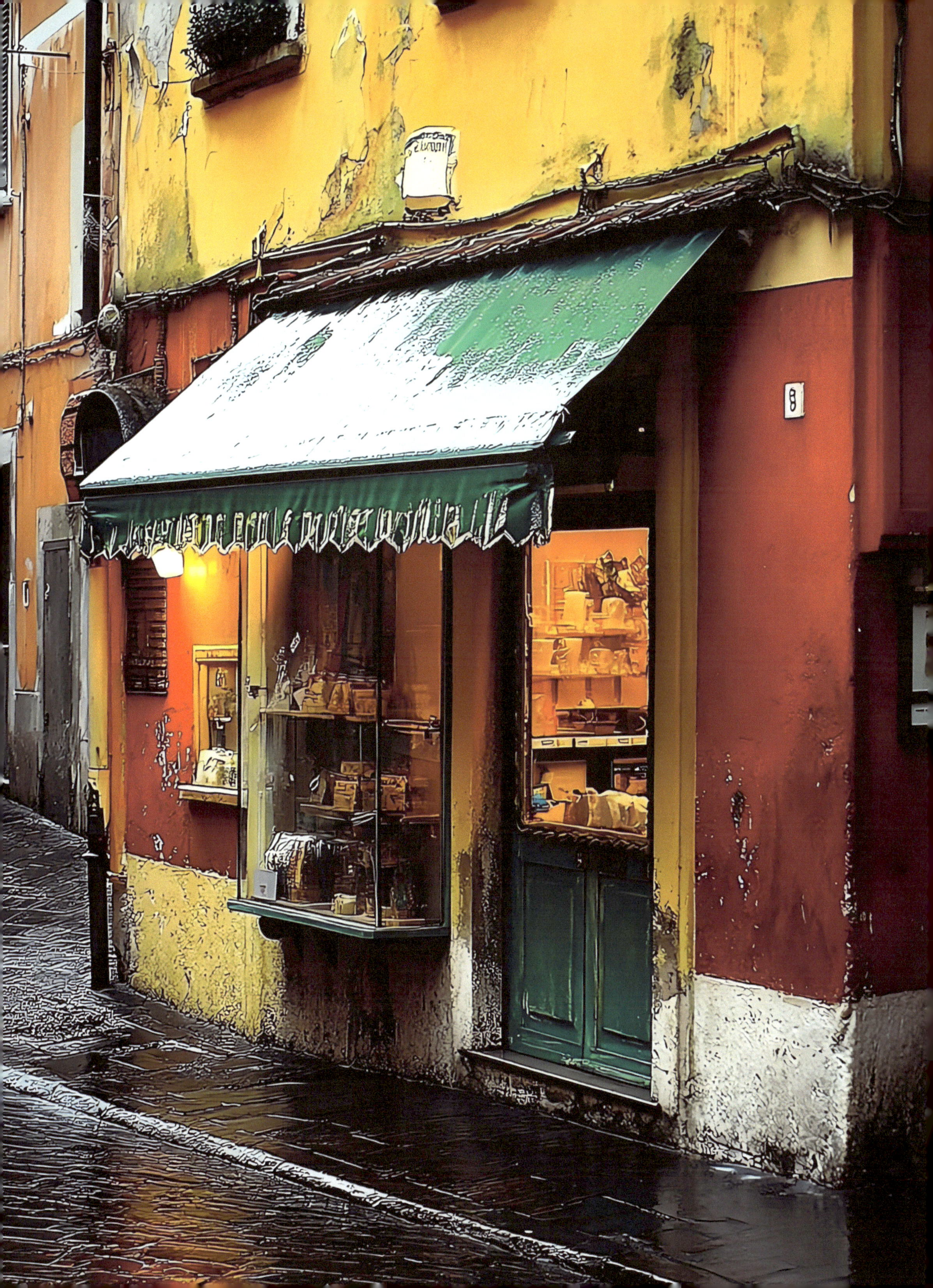

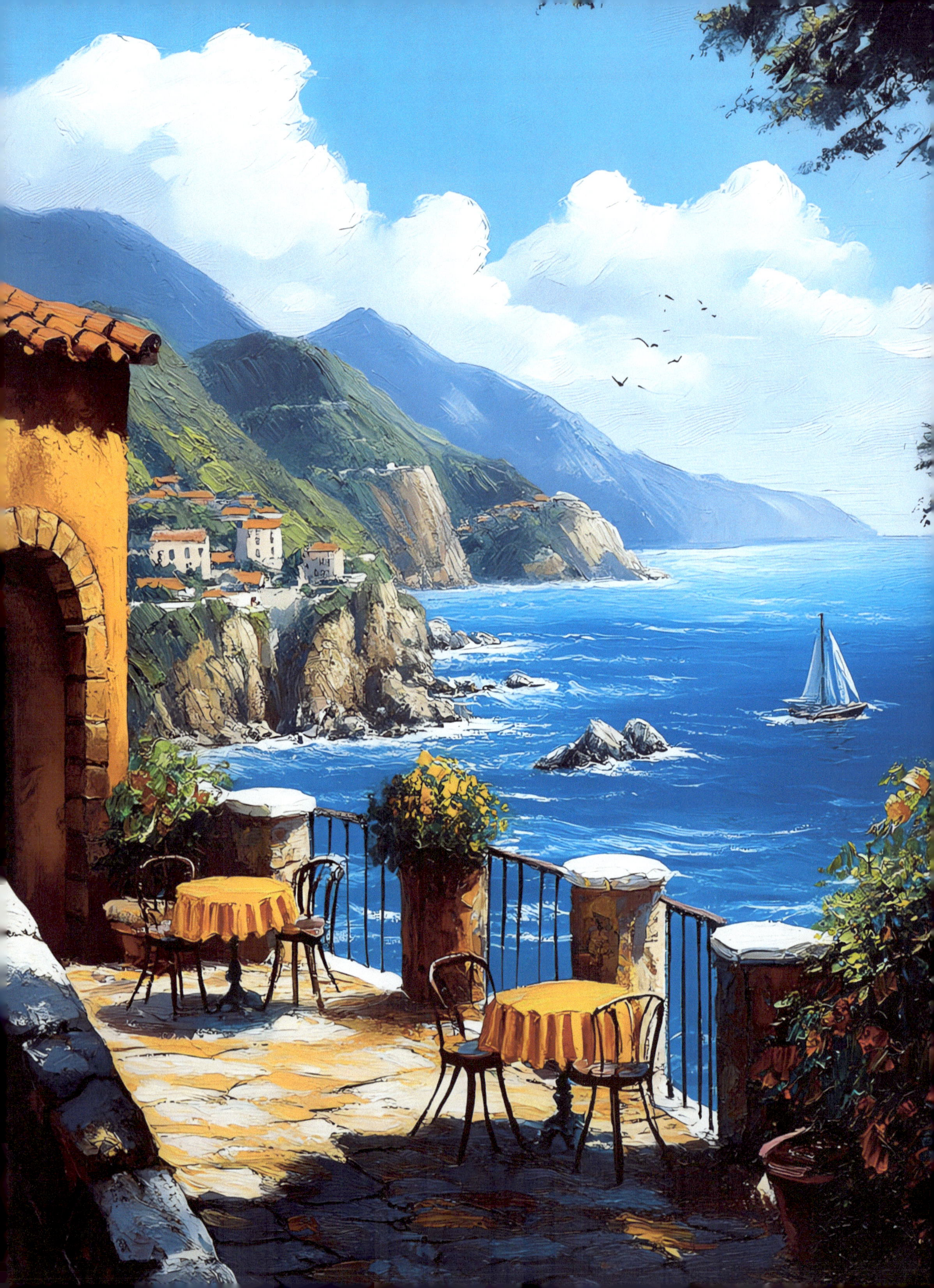

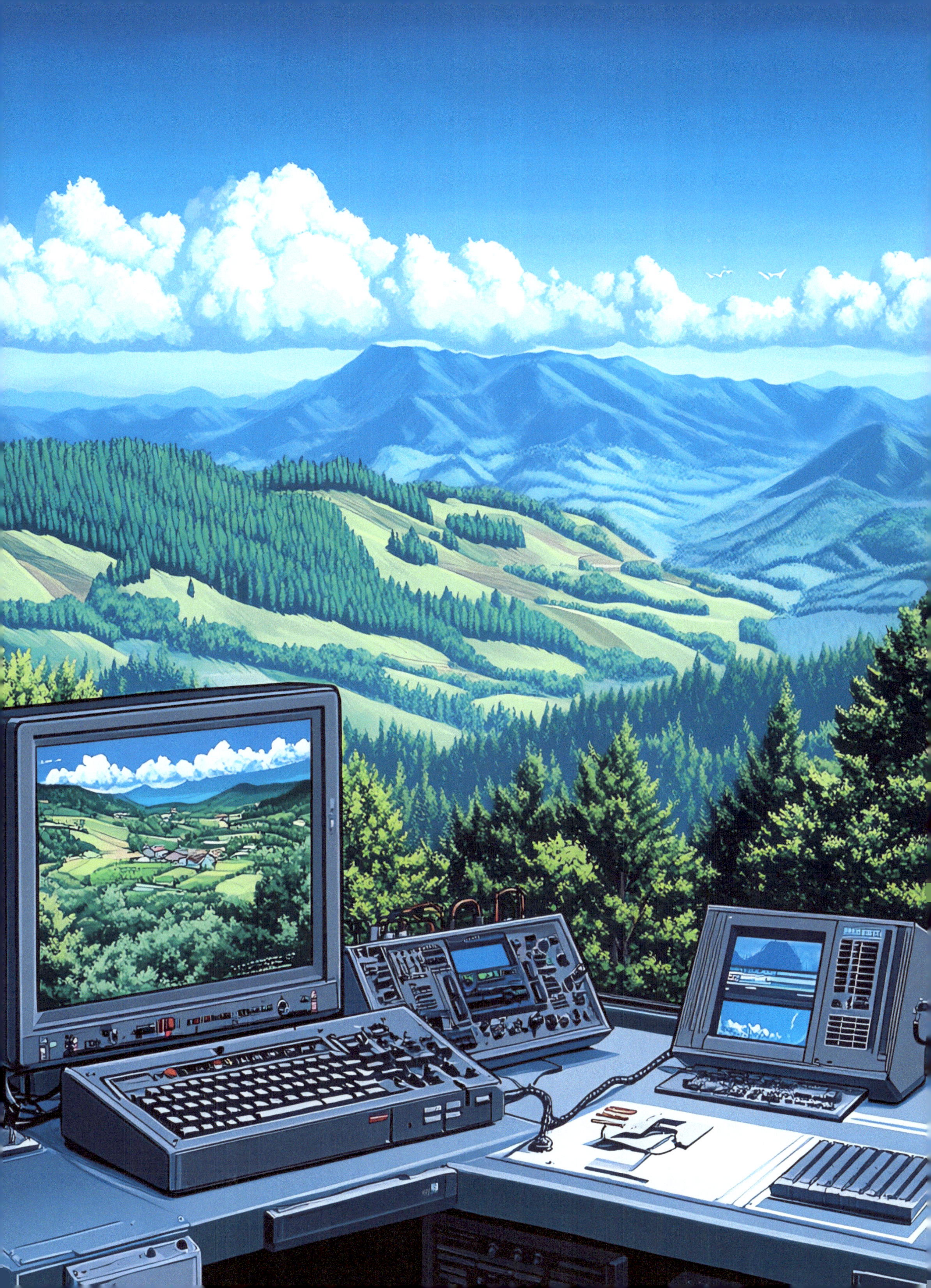

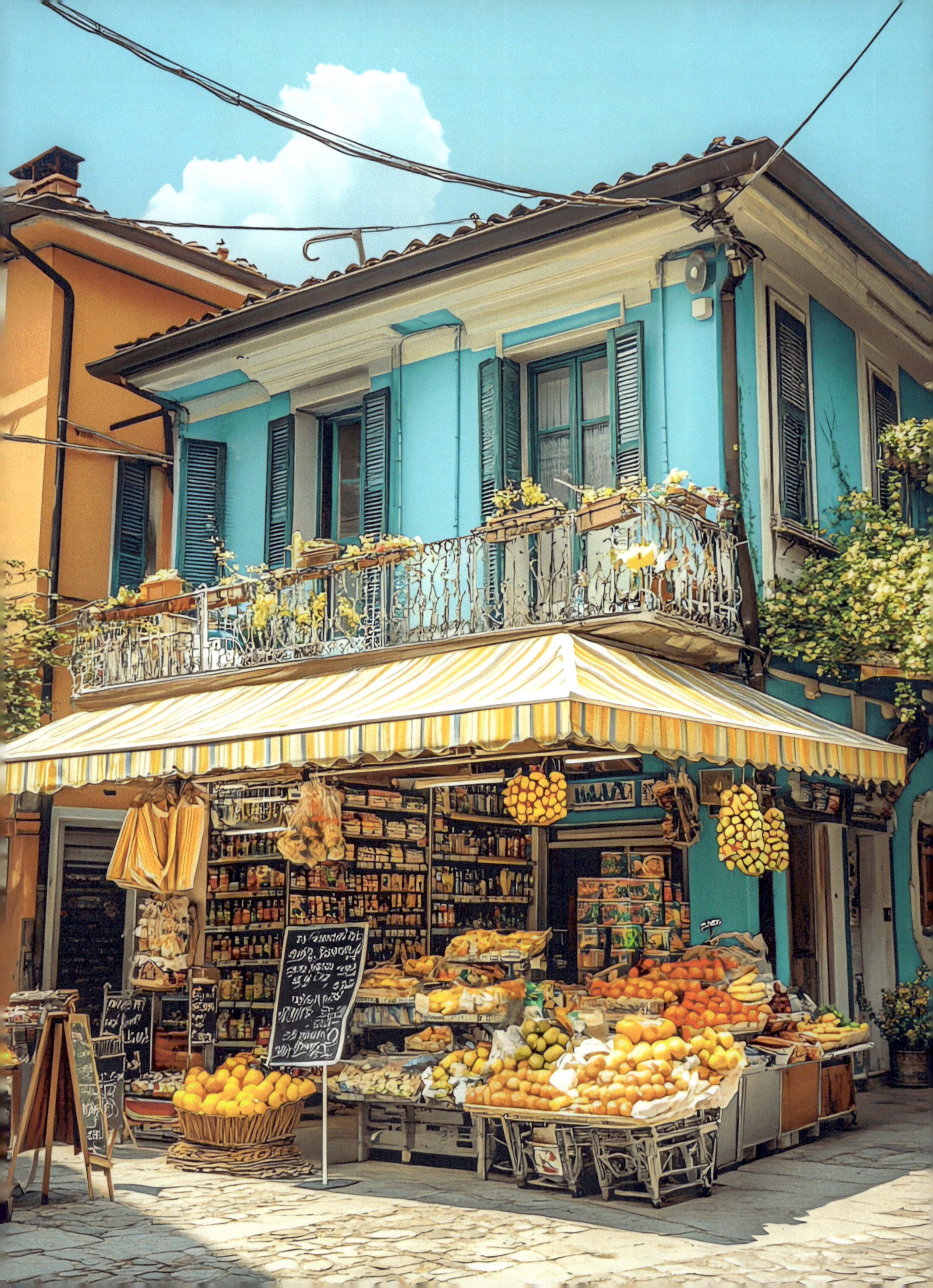

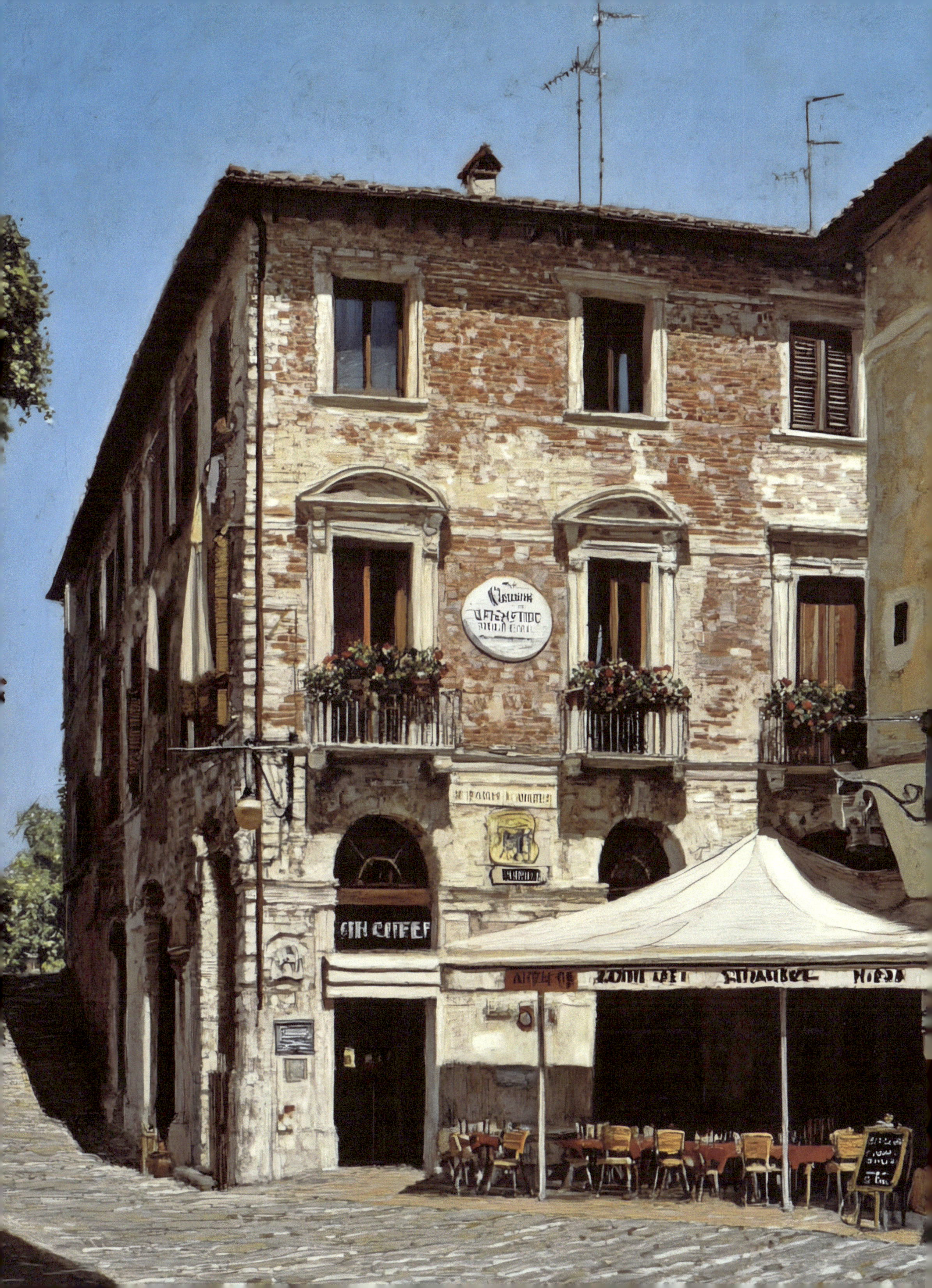

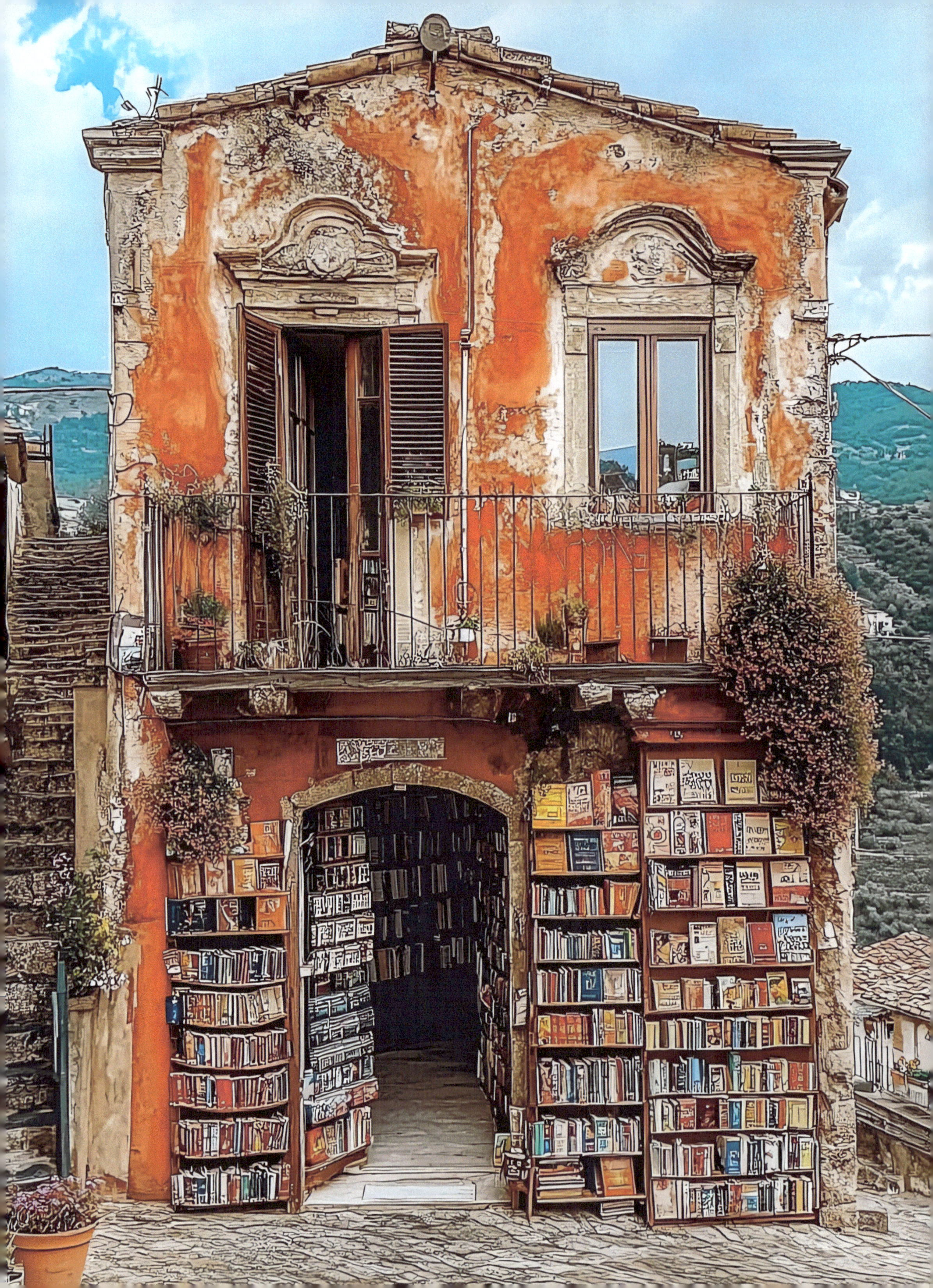

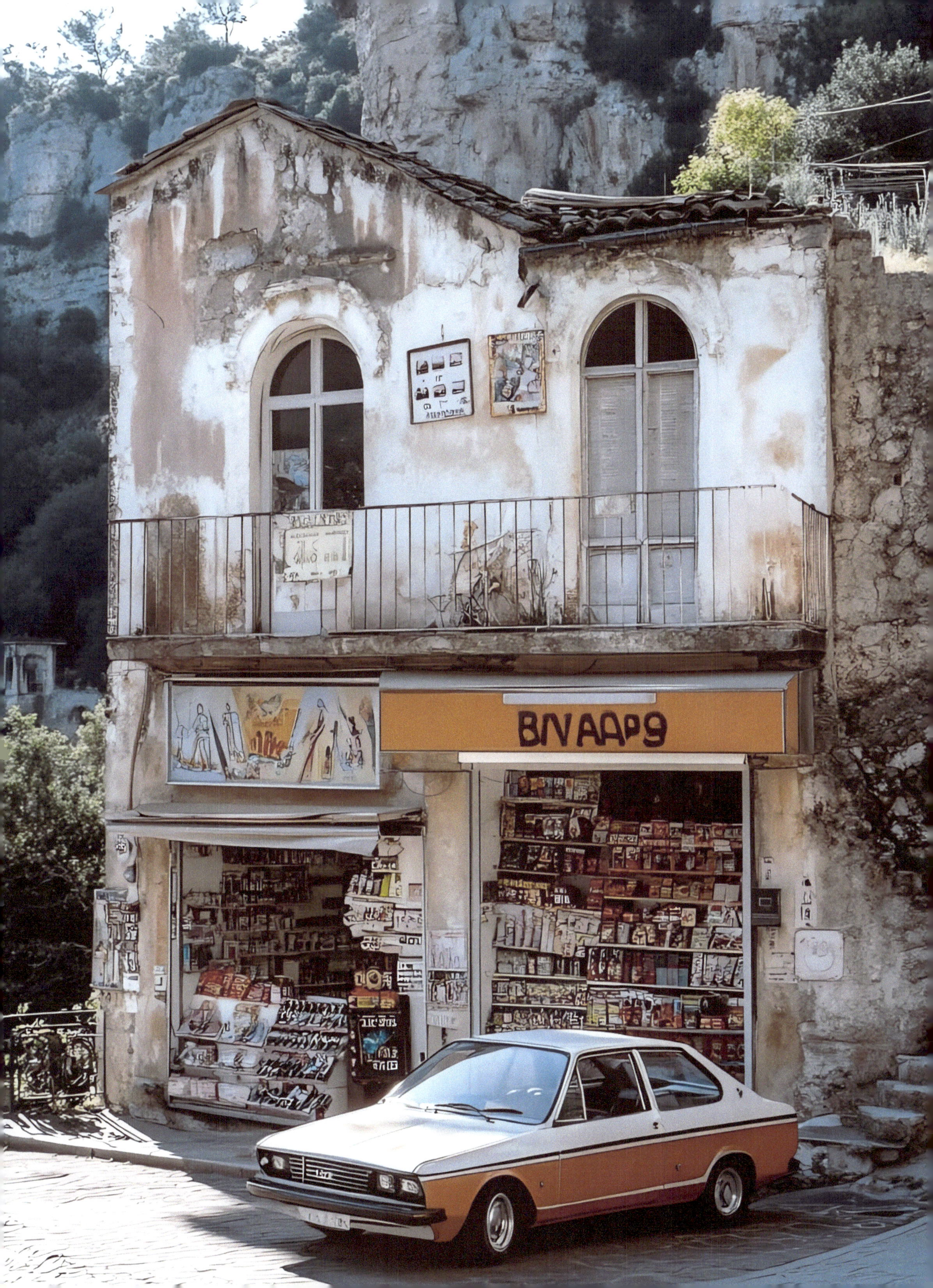

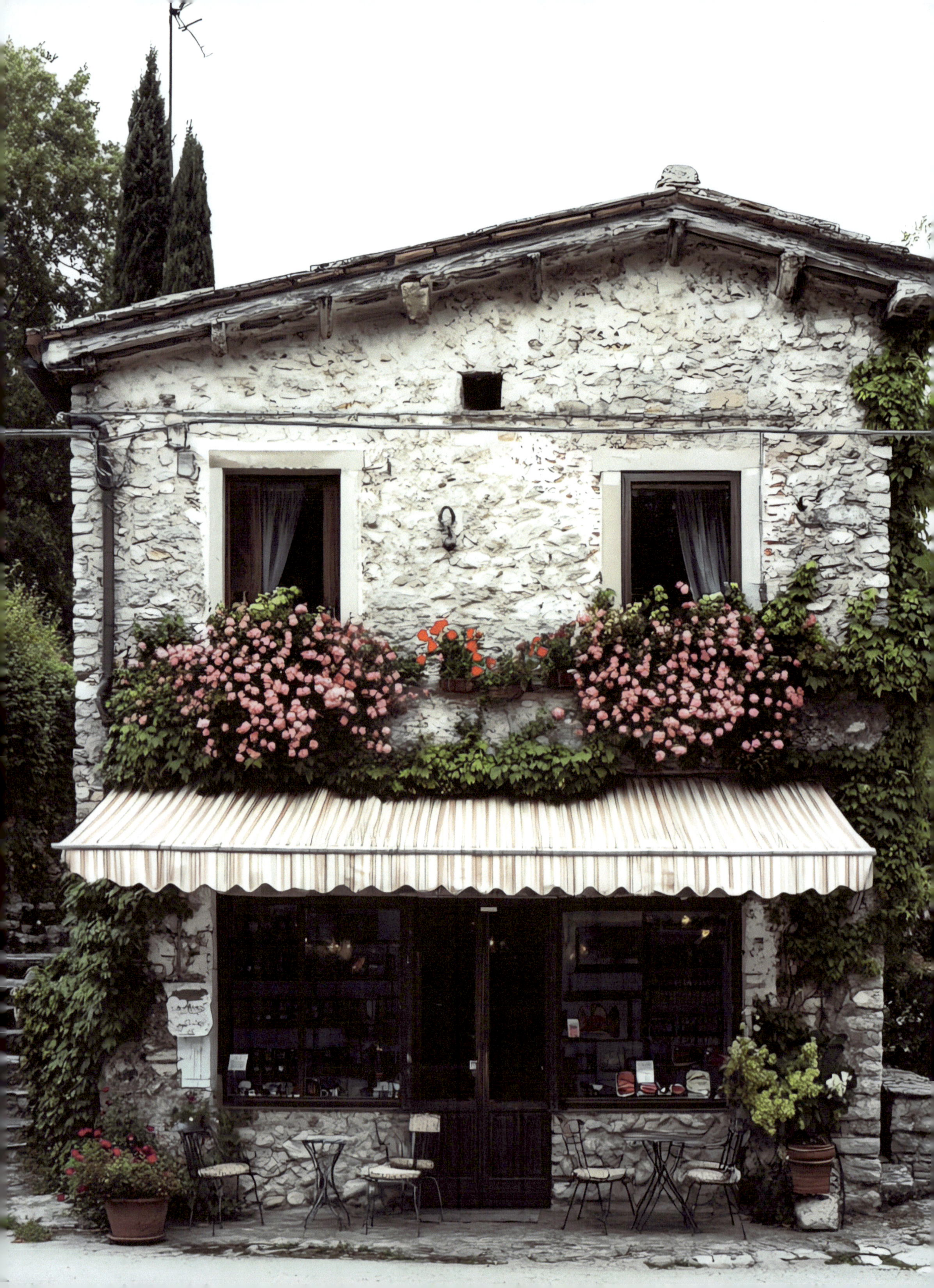

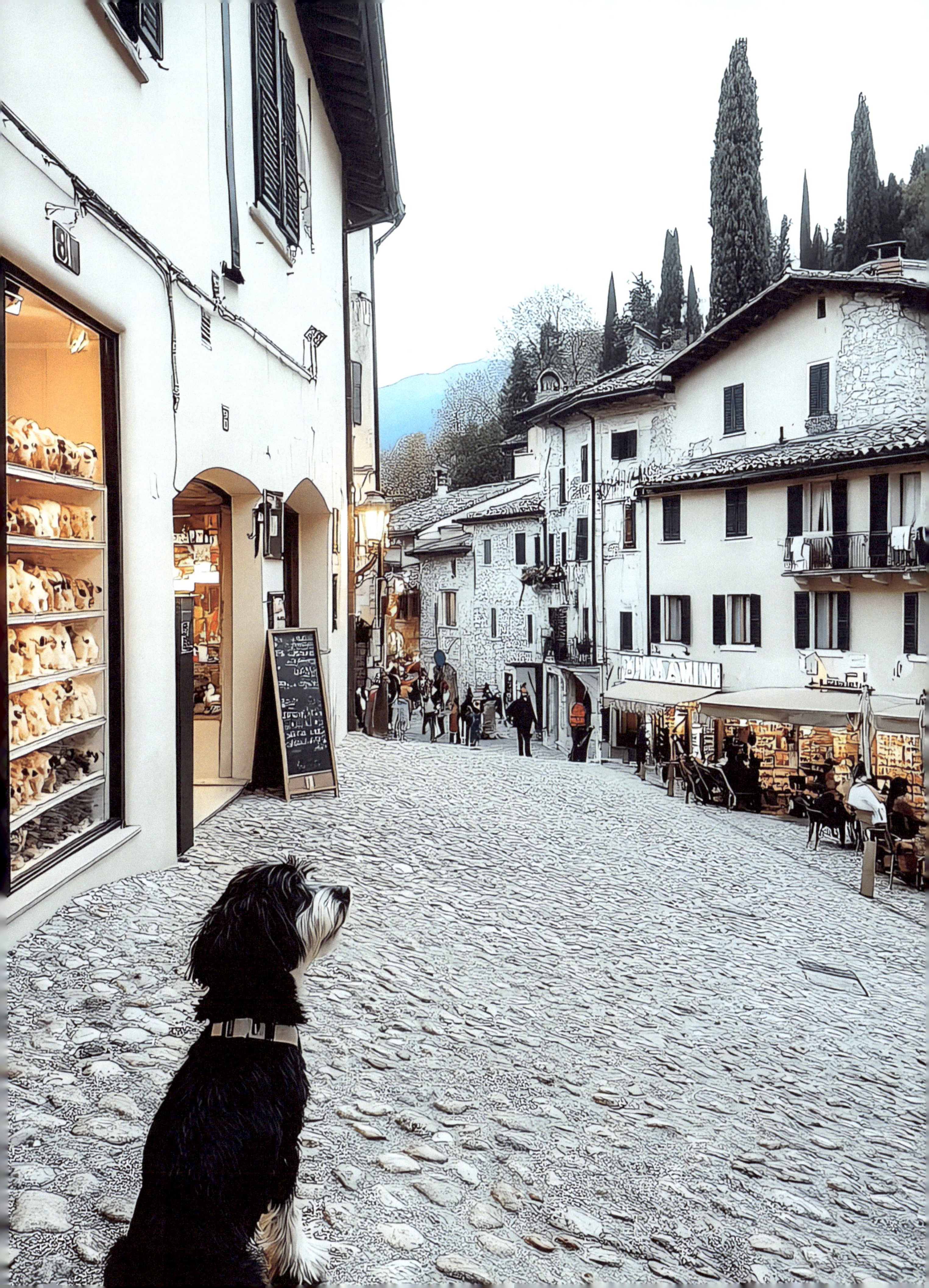

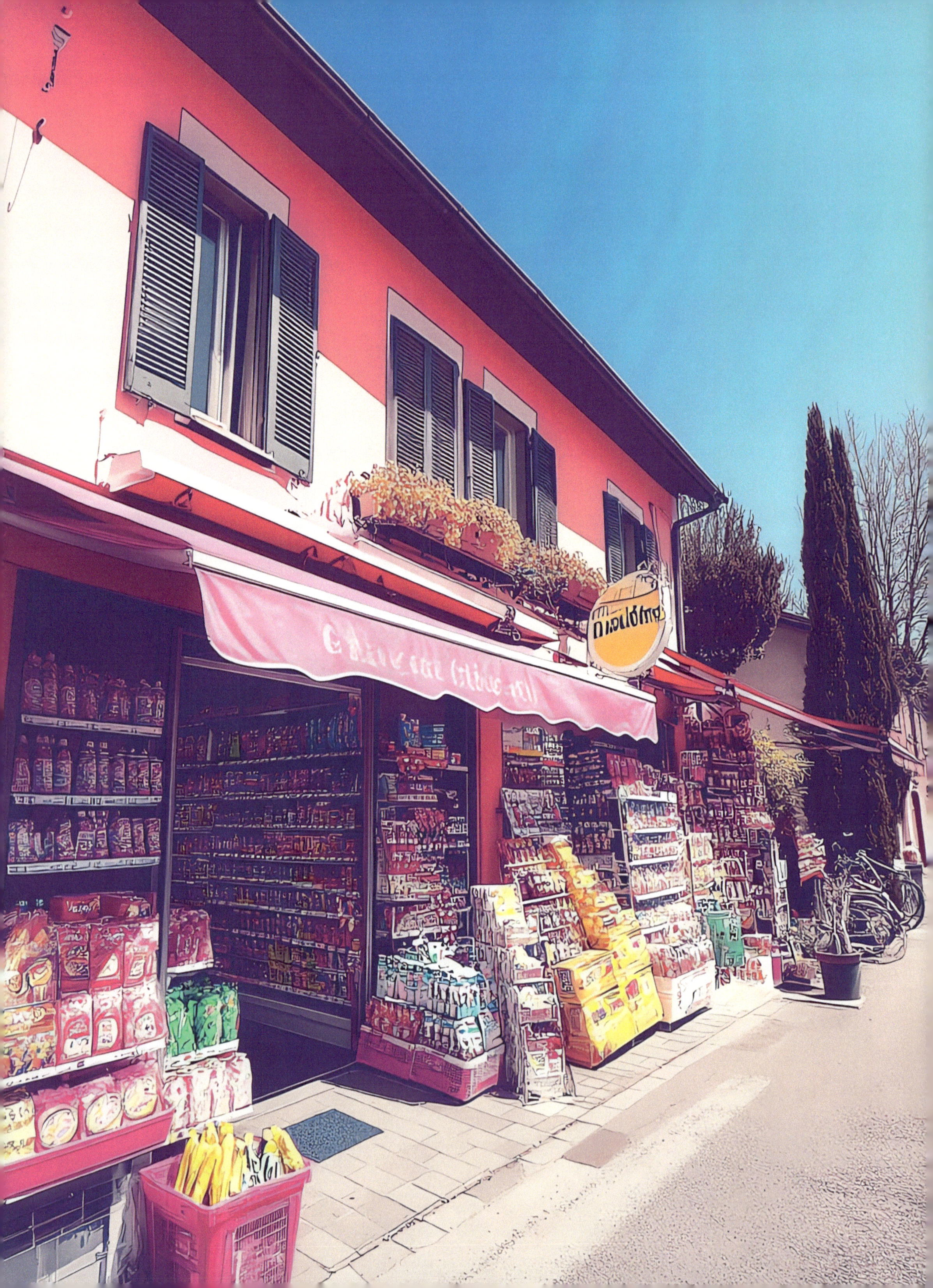

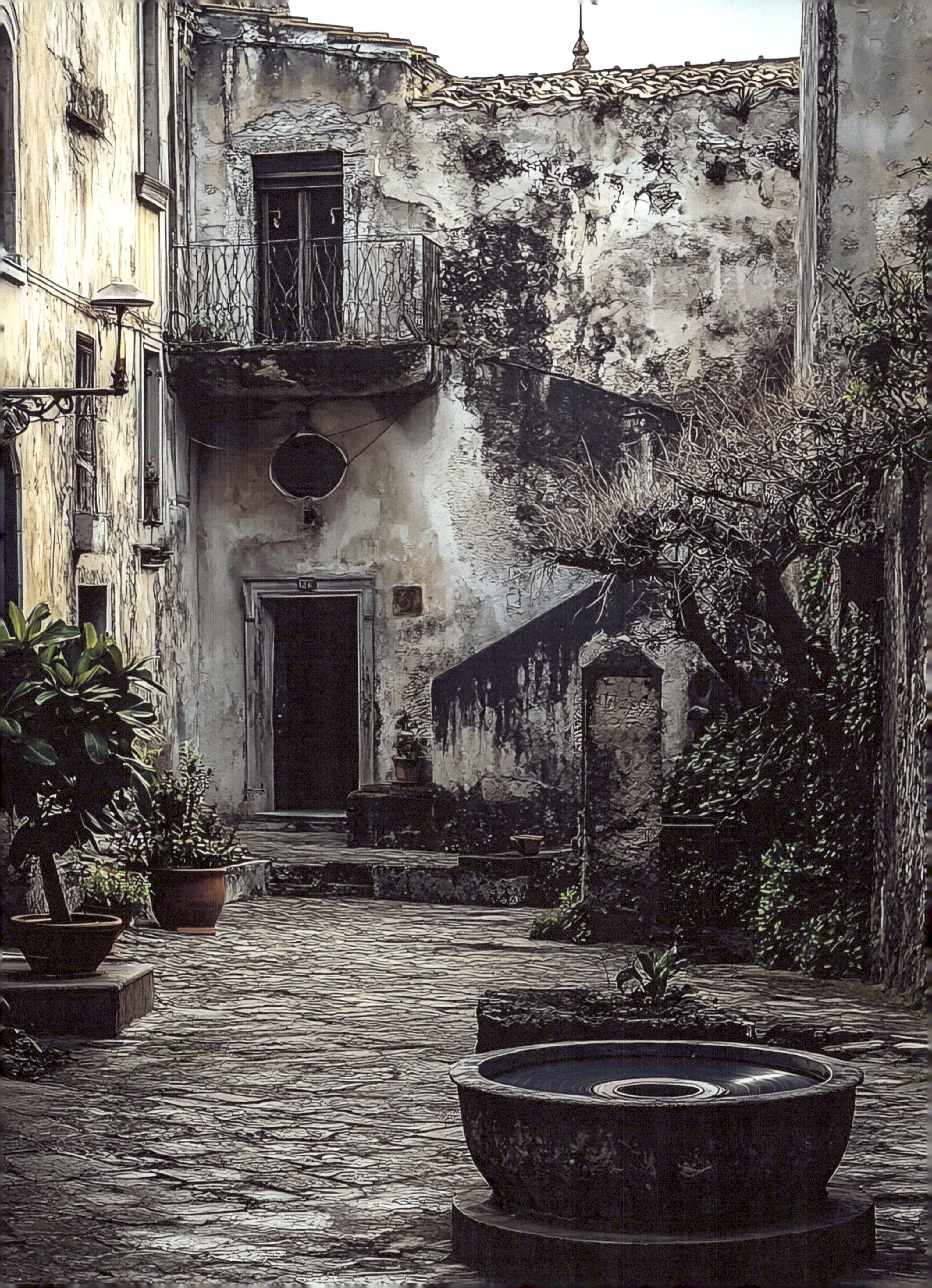

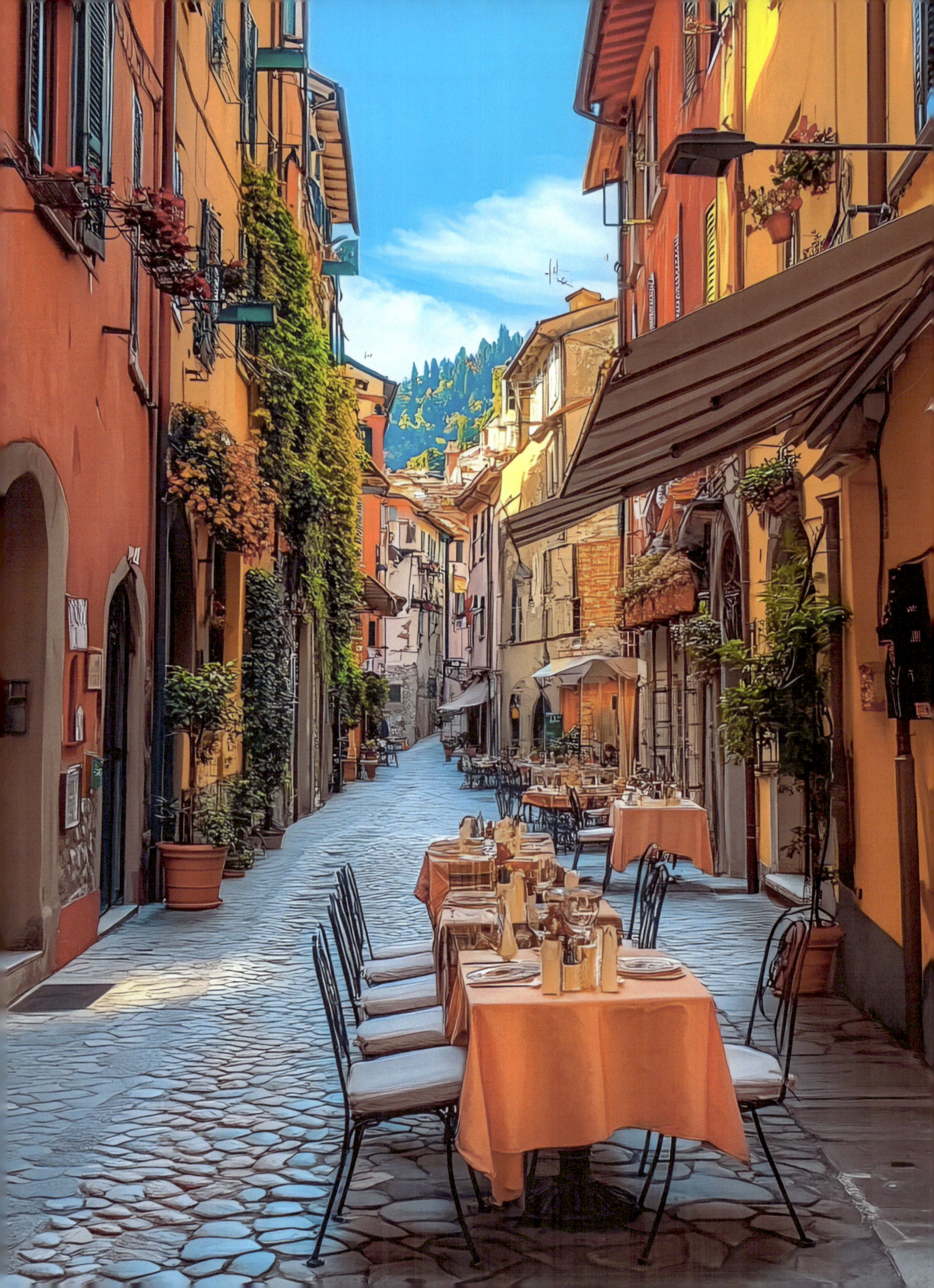

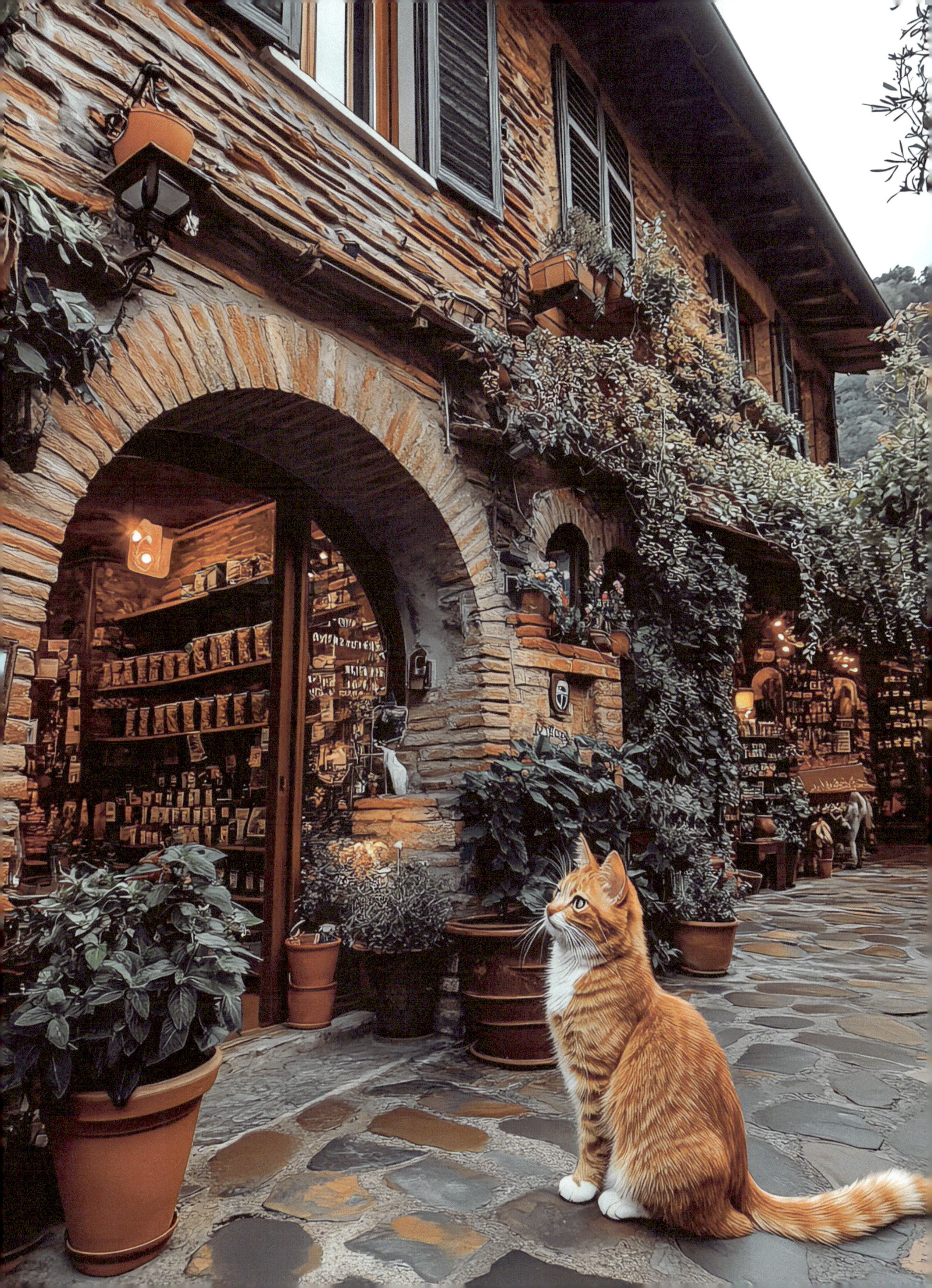

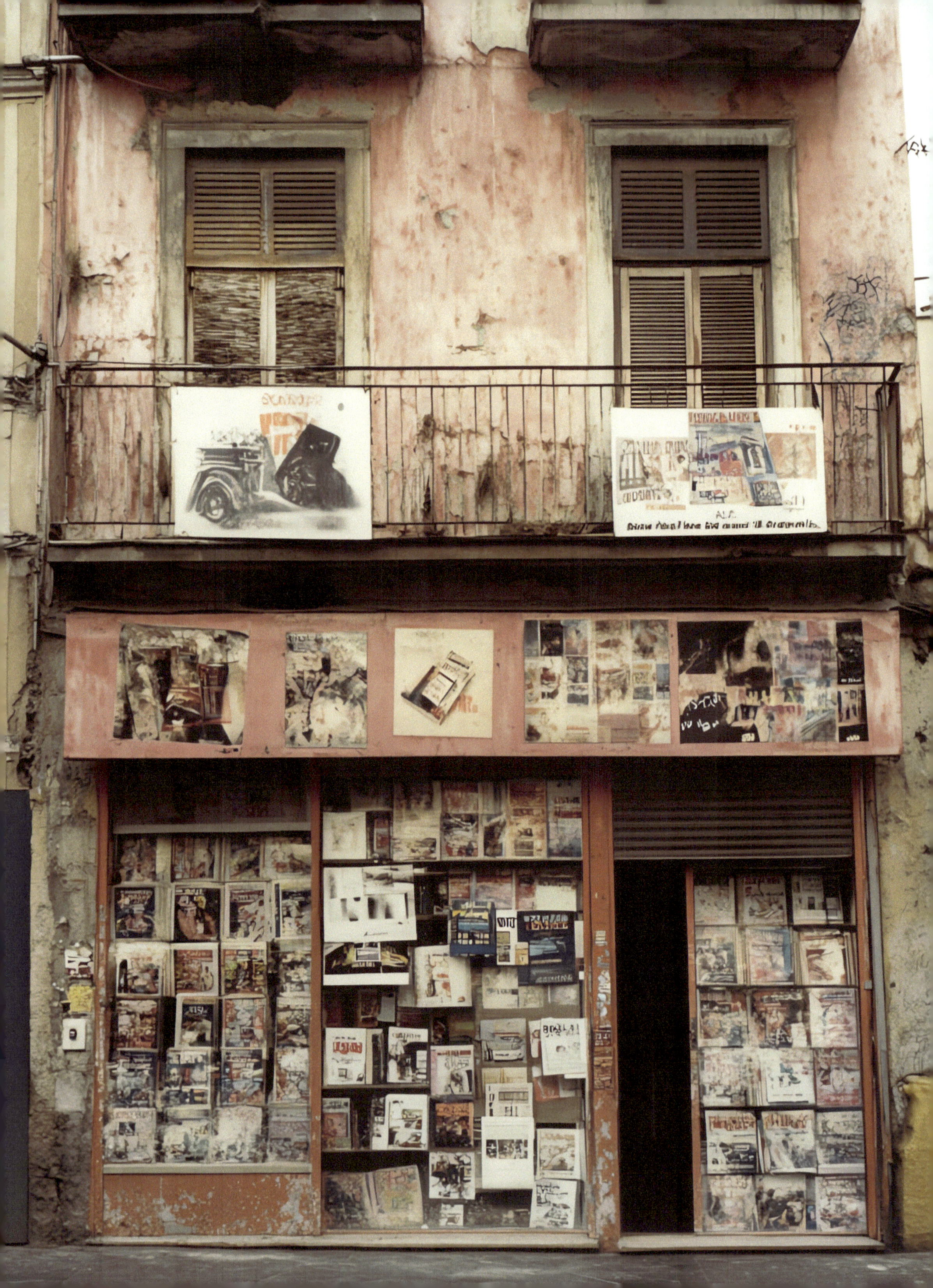

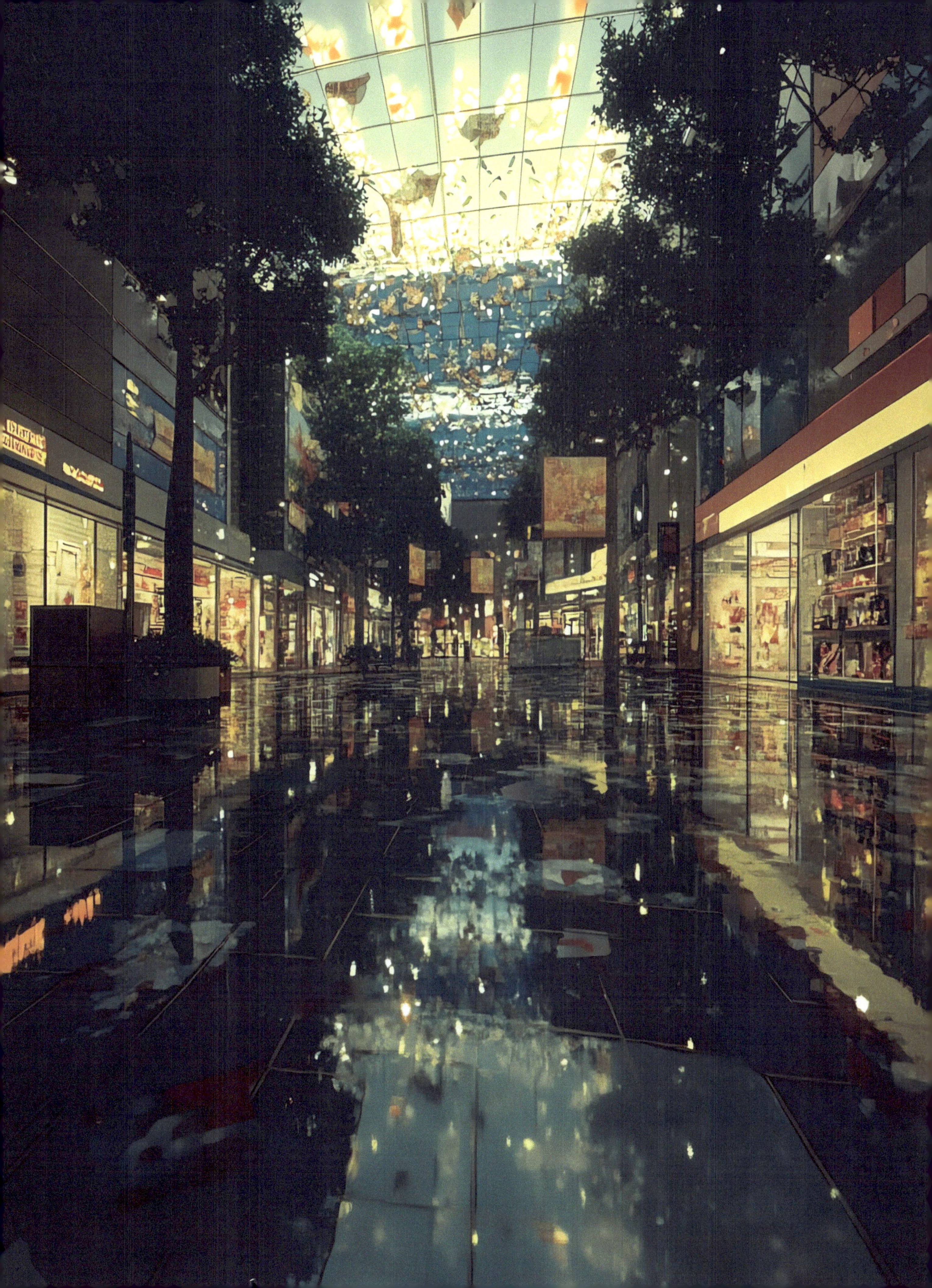

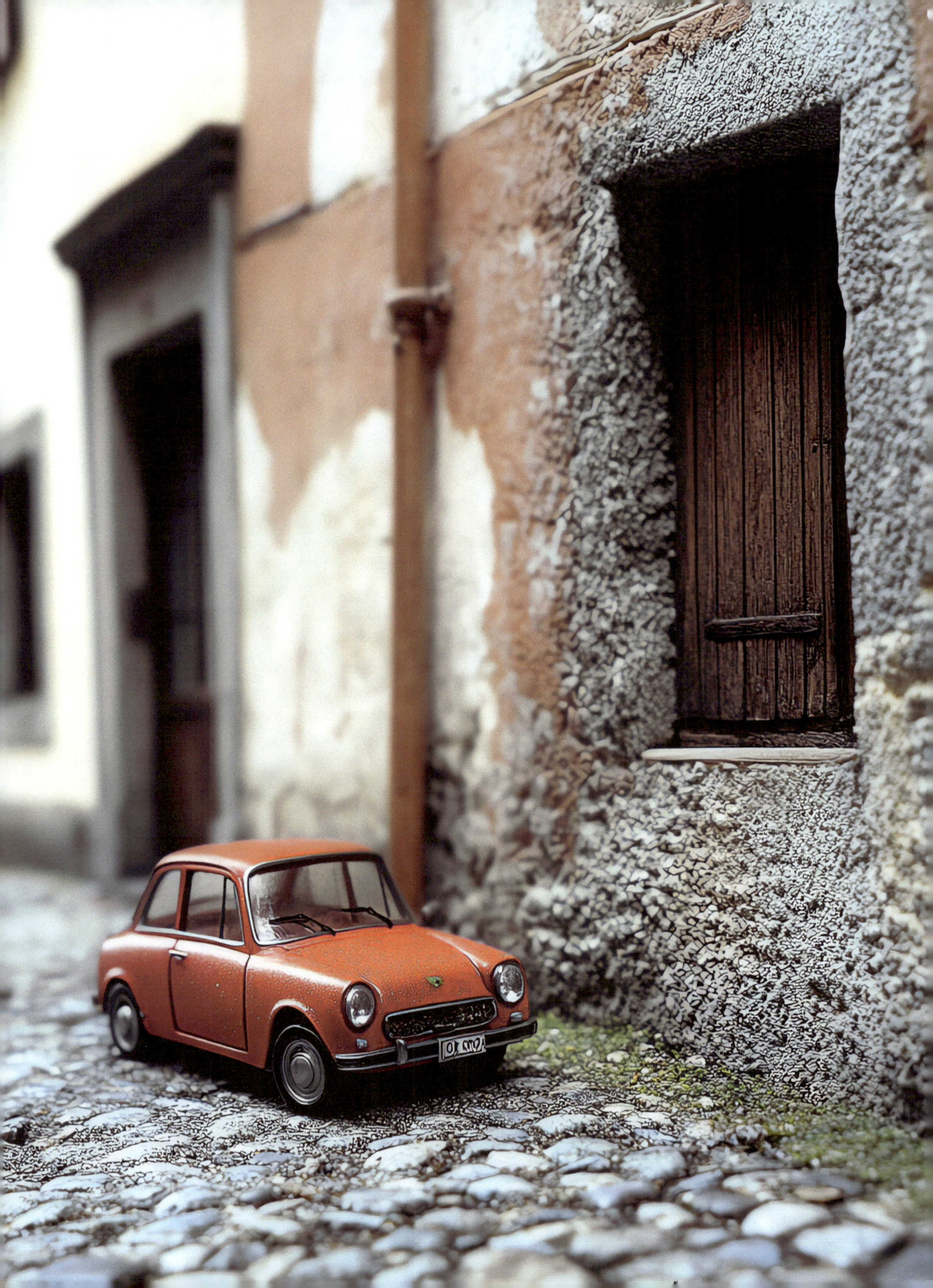

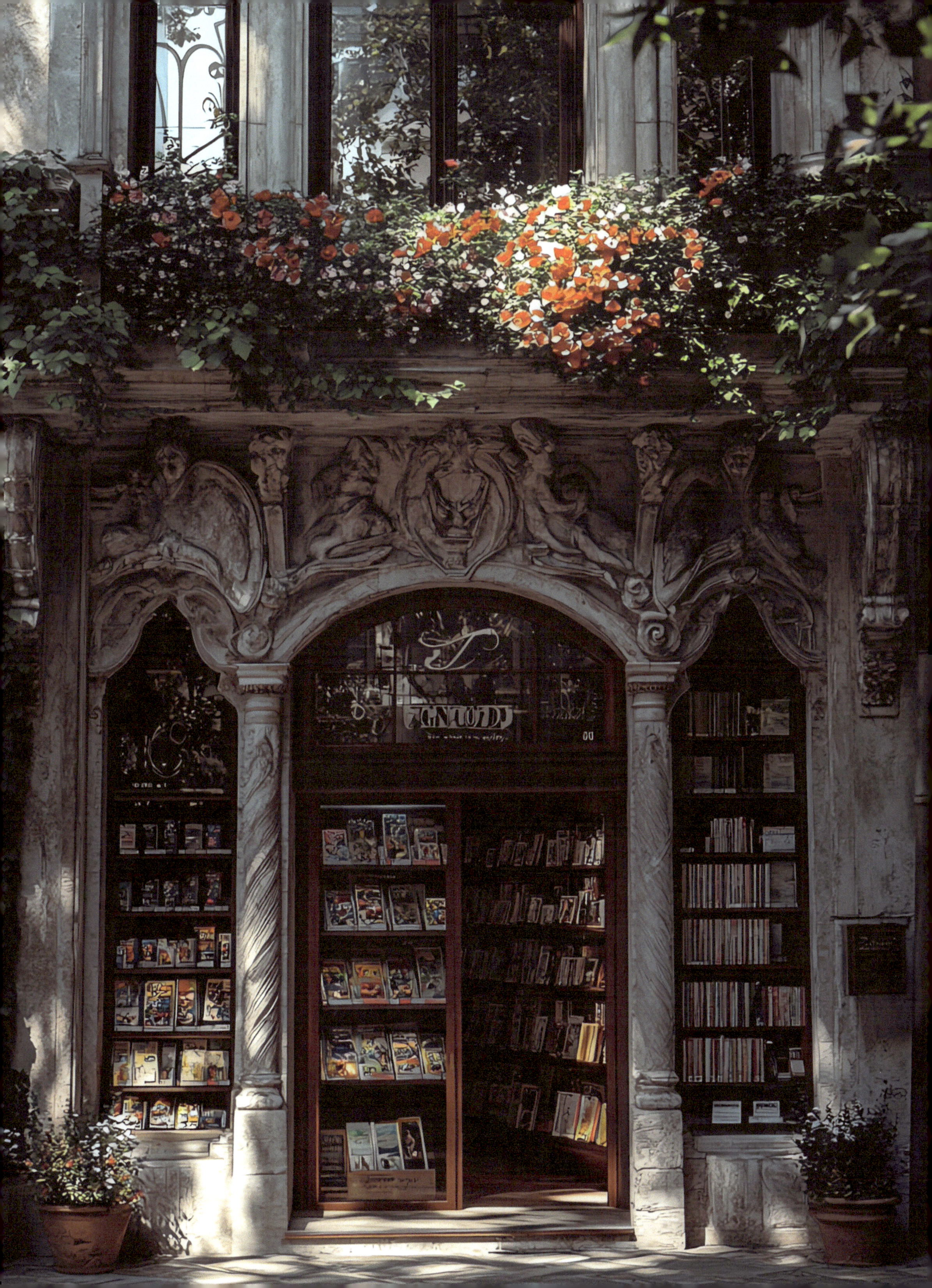

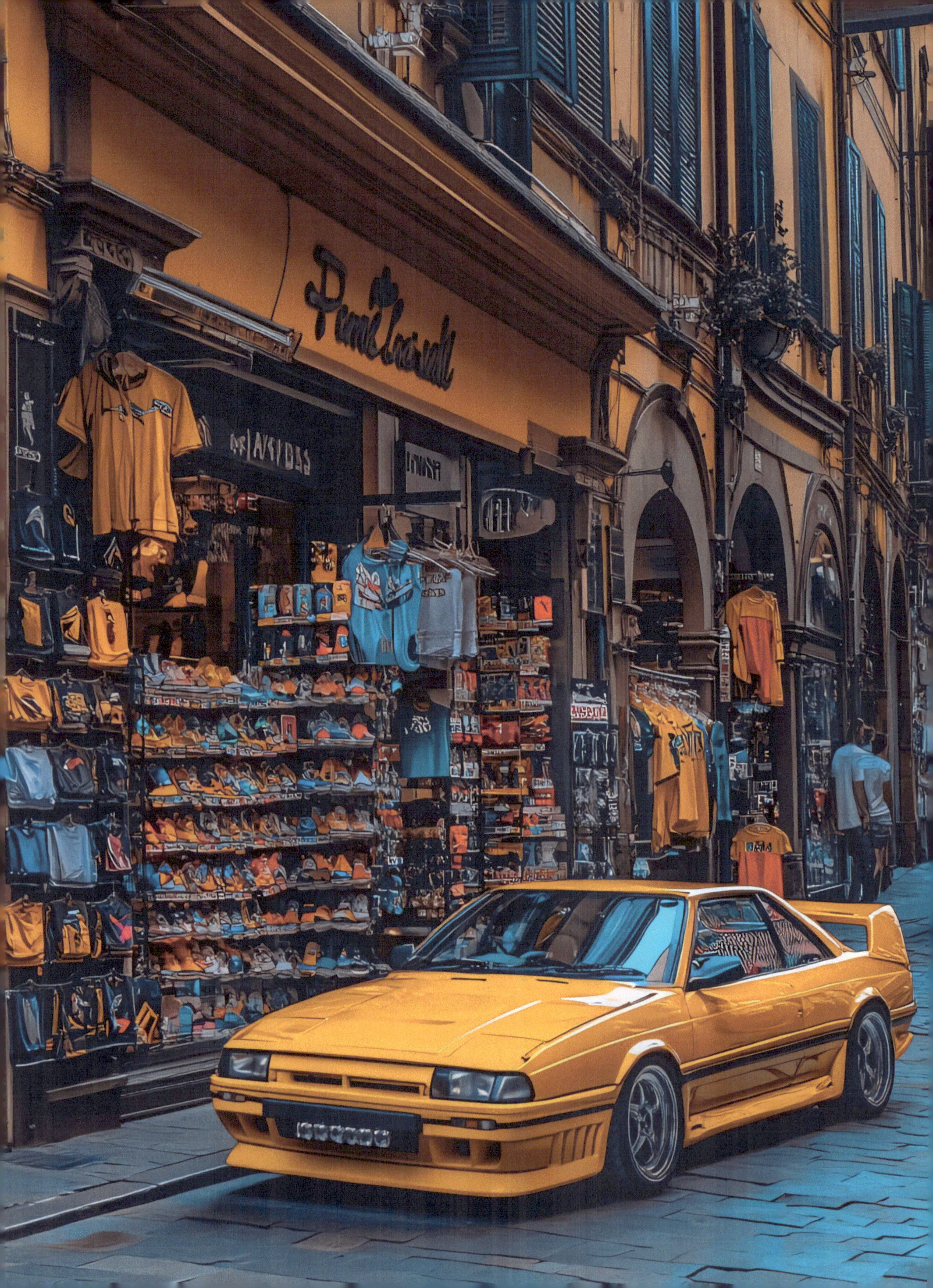

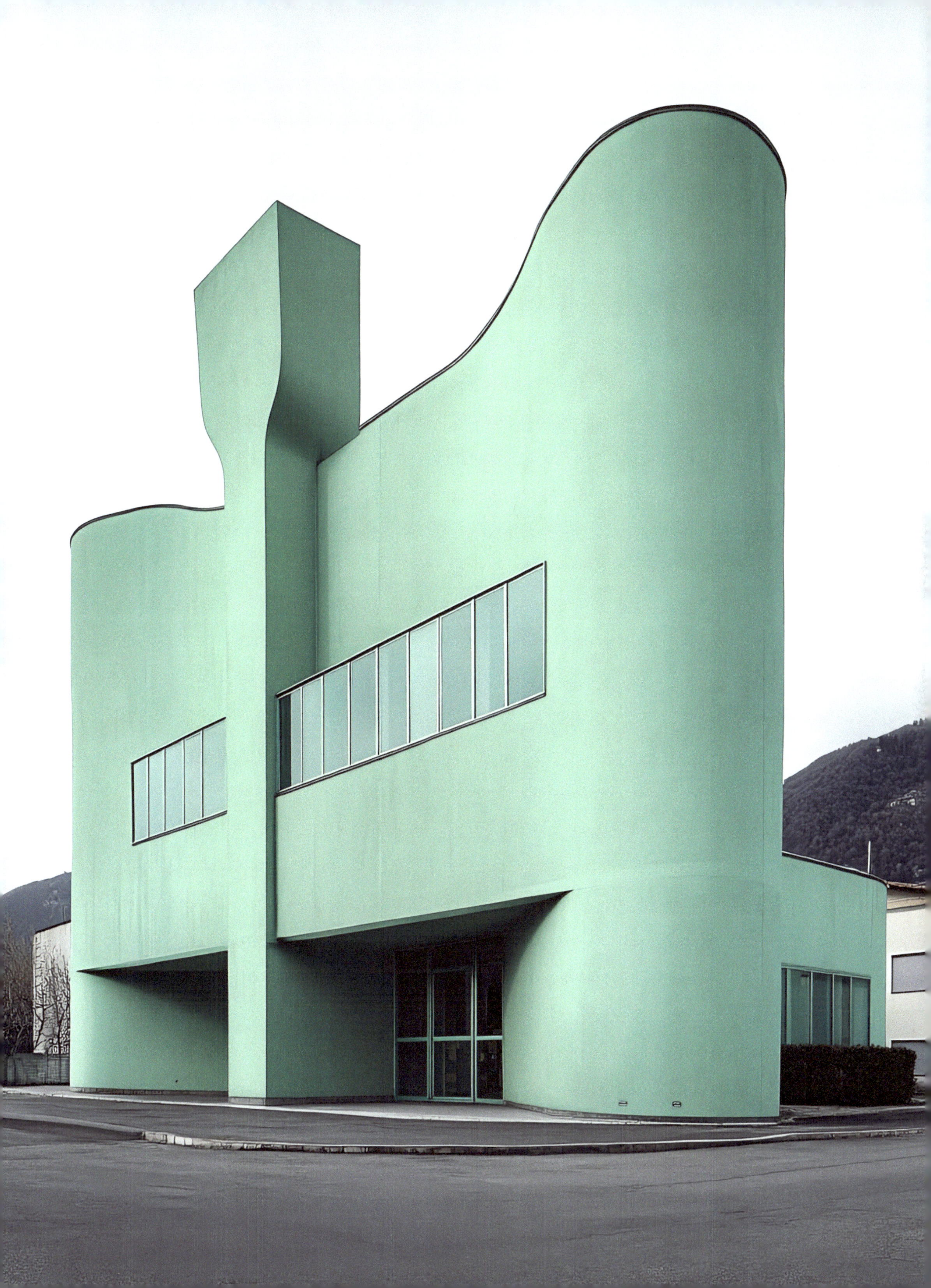

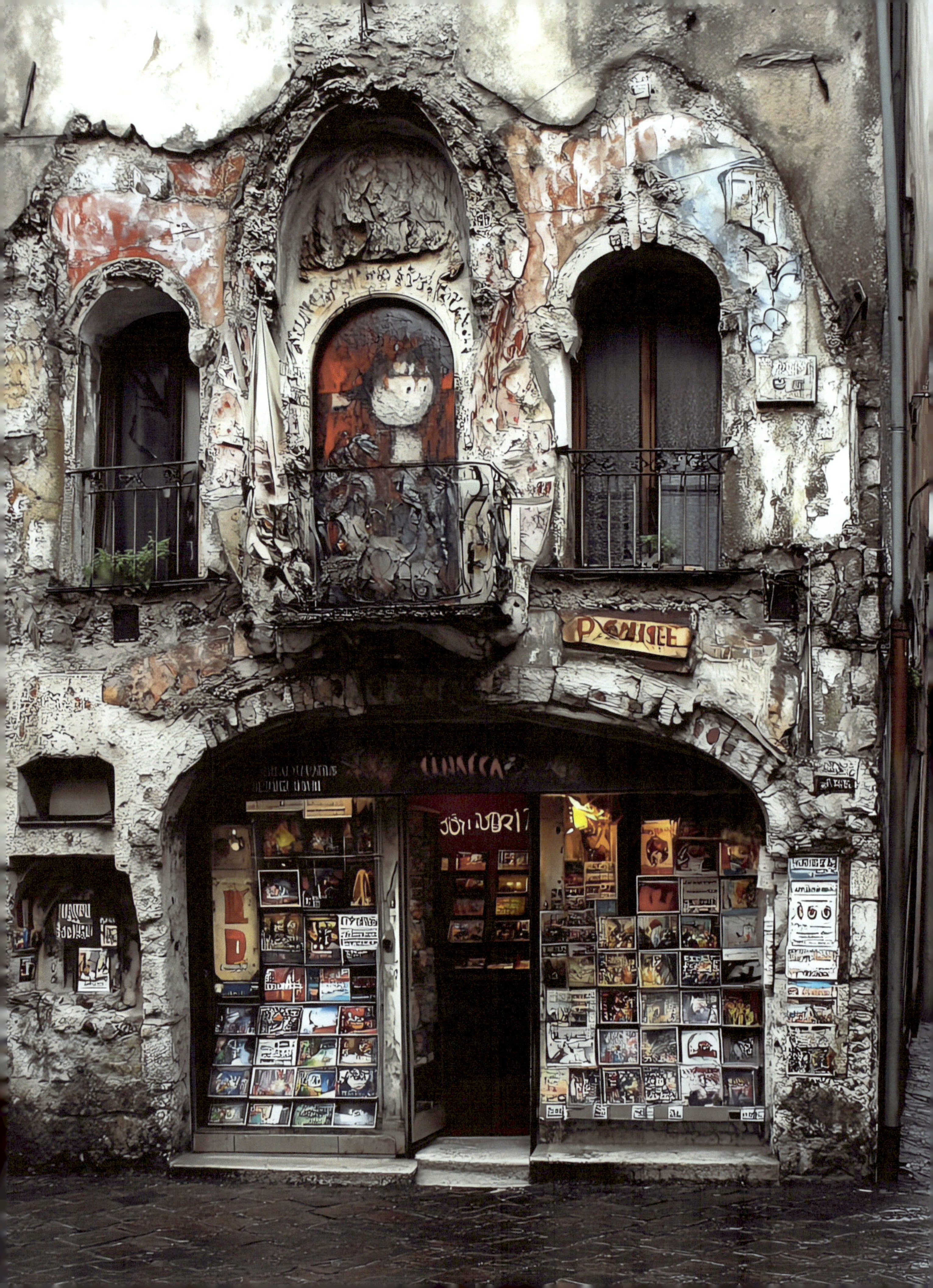

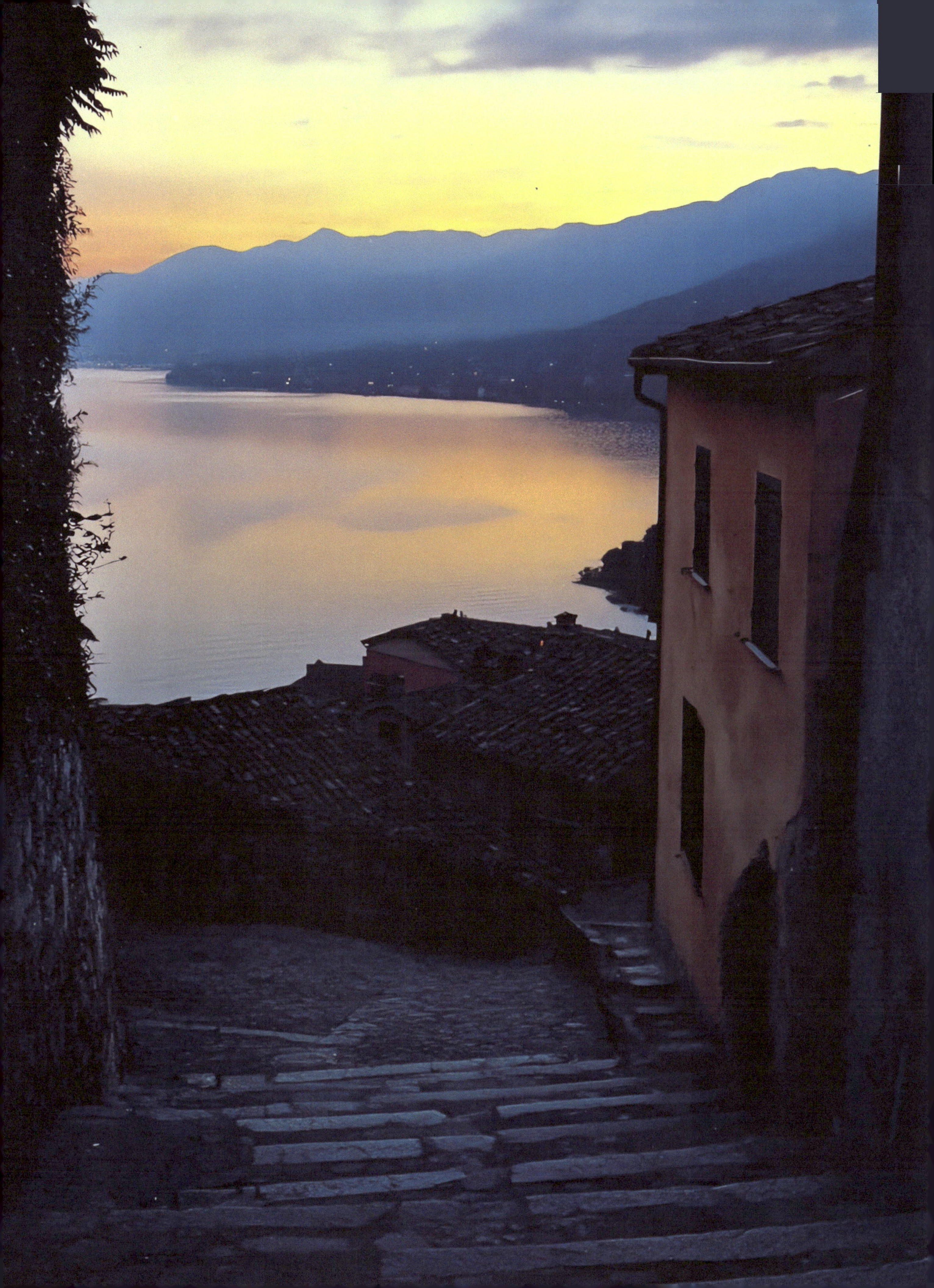

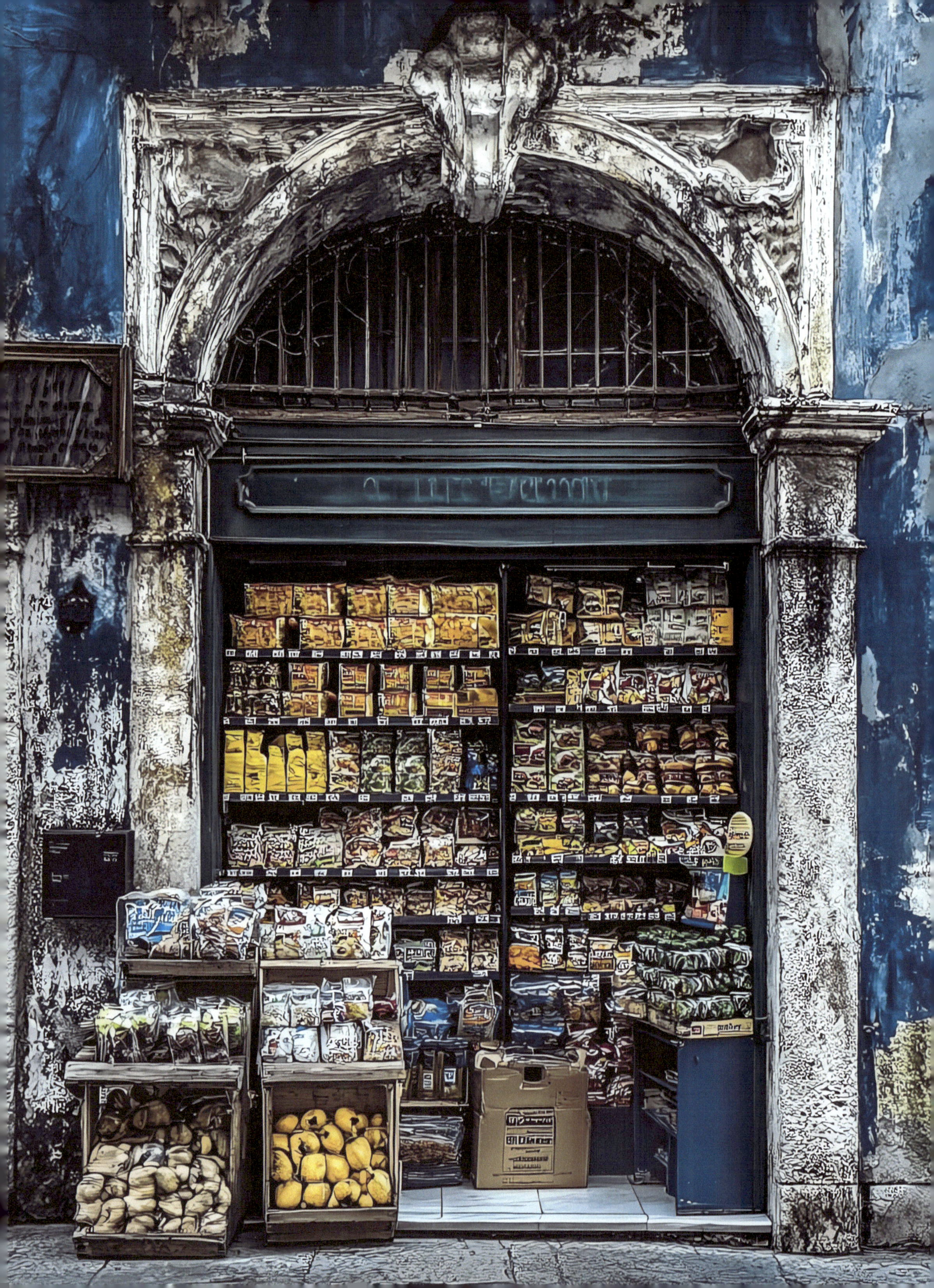

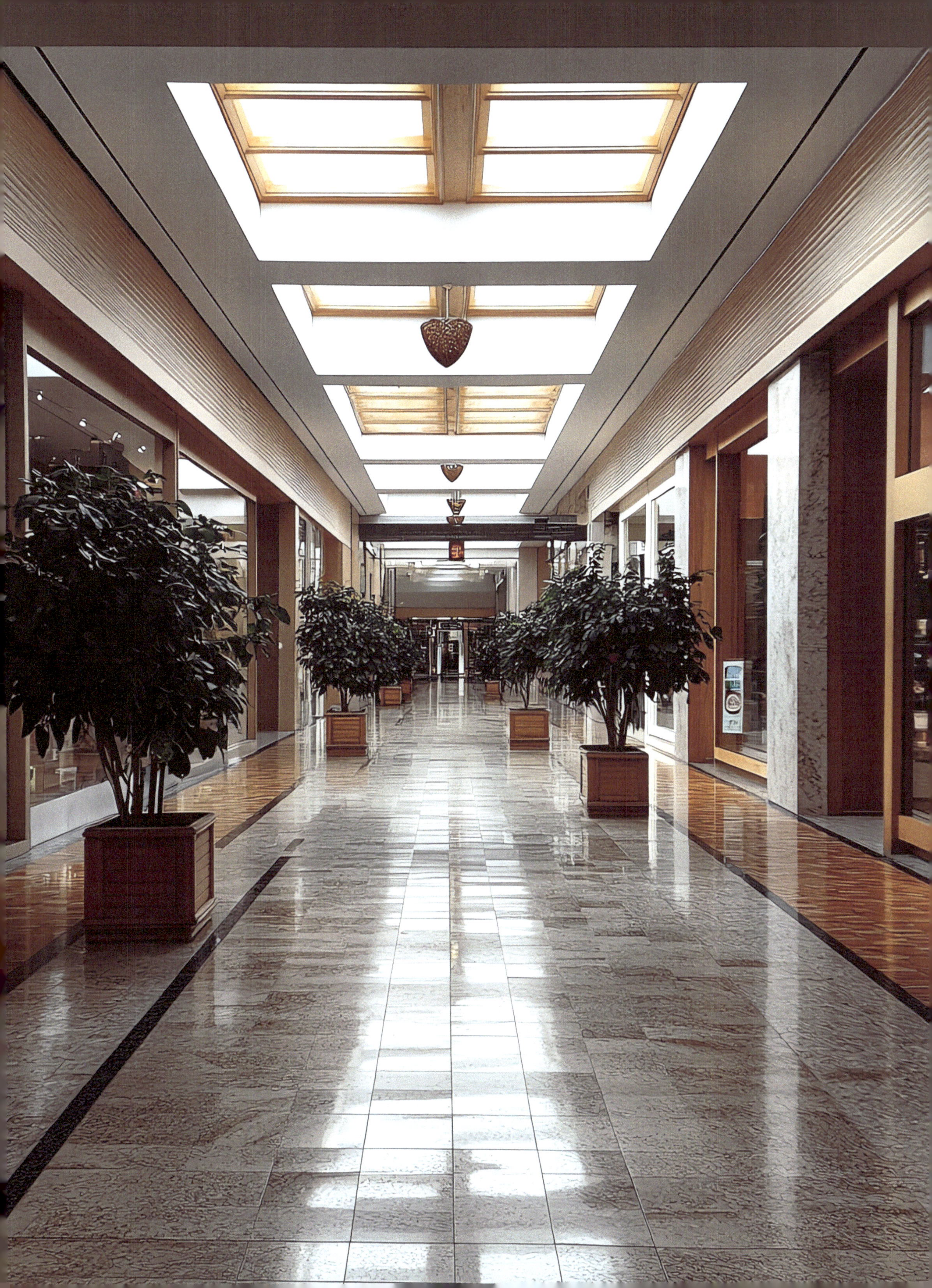

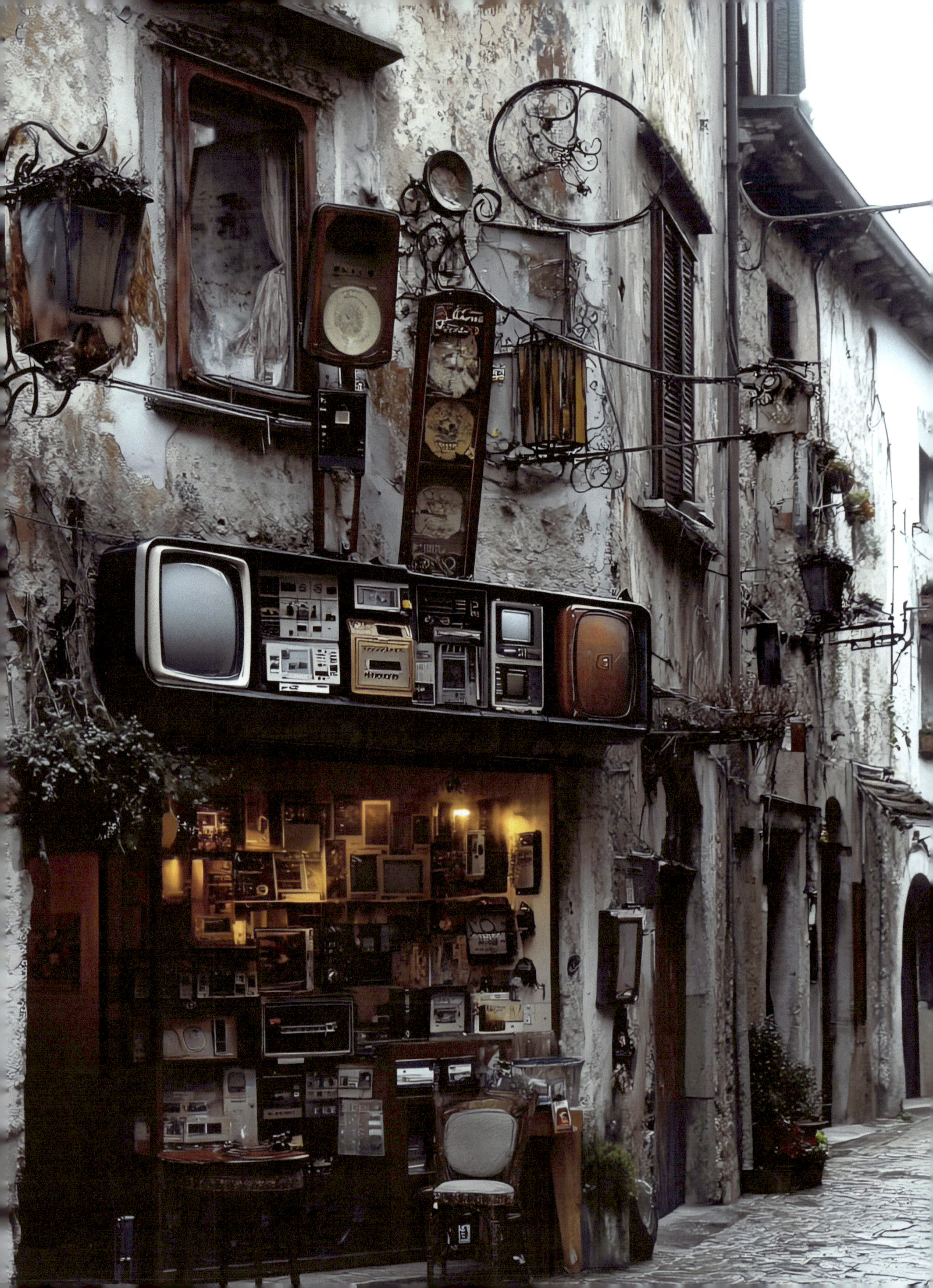

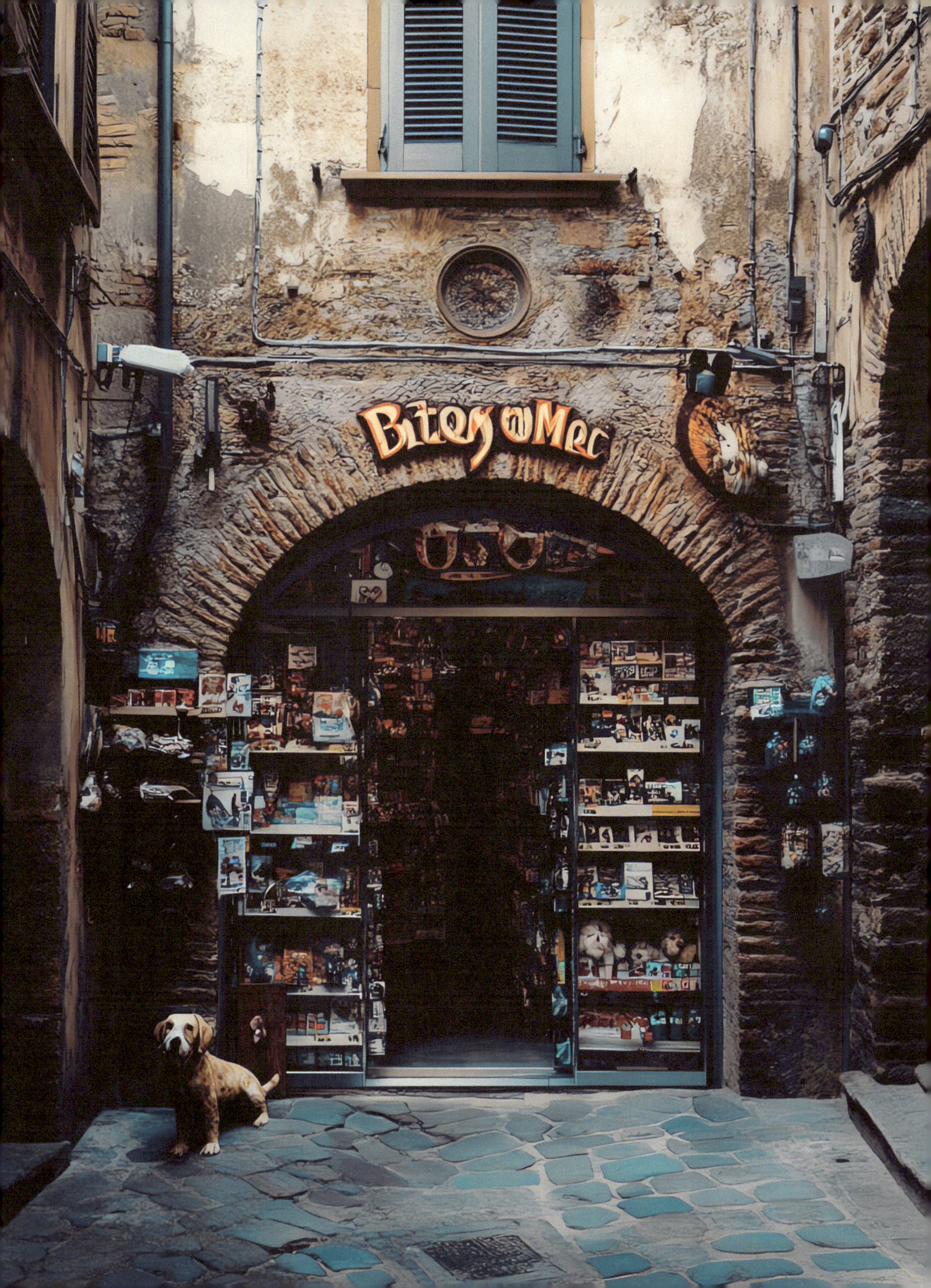

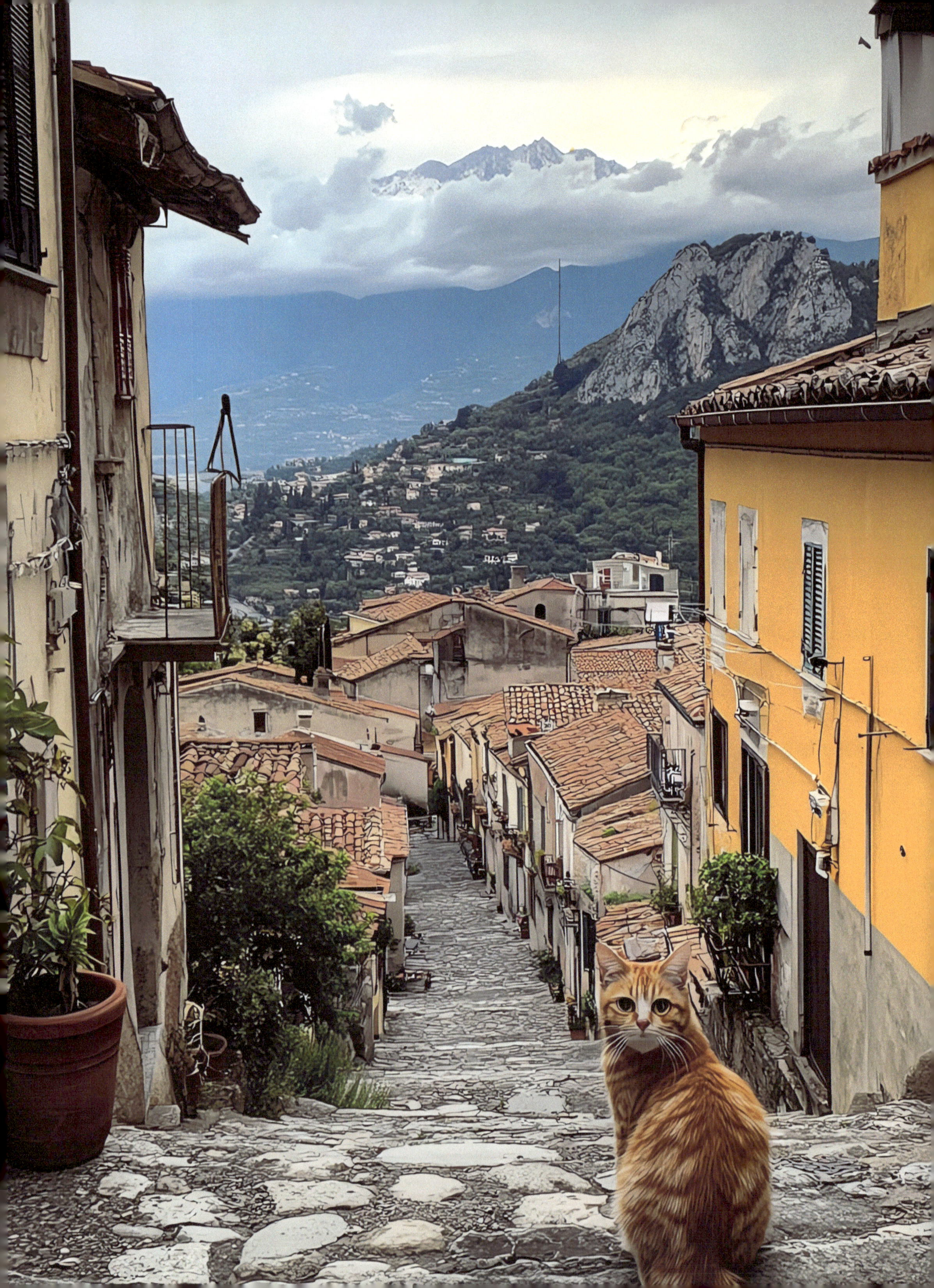

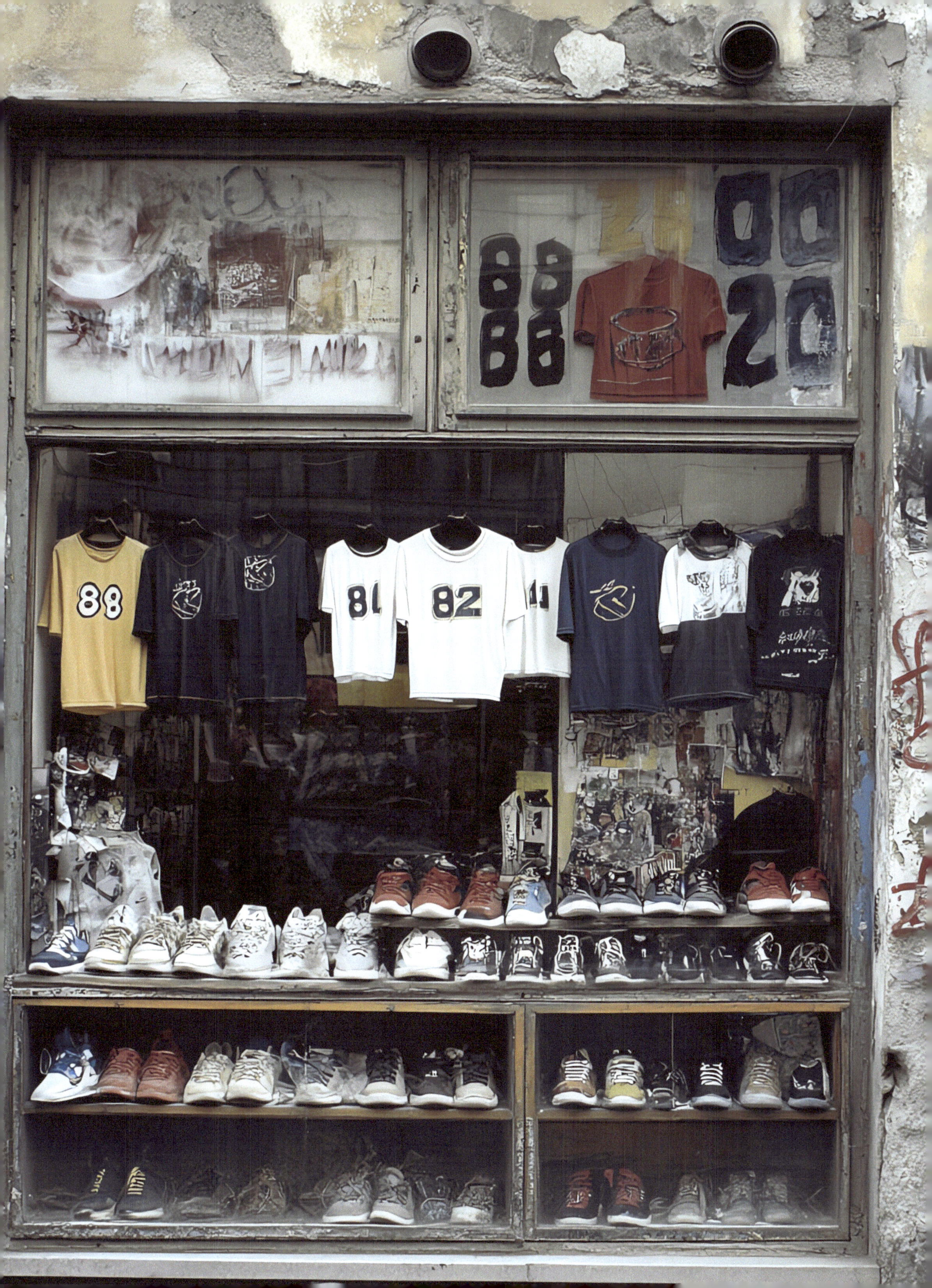
88
82

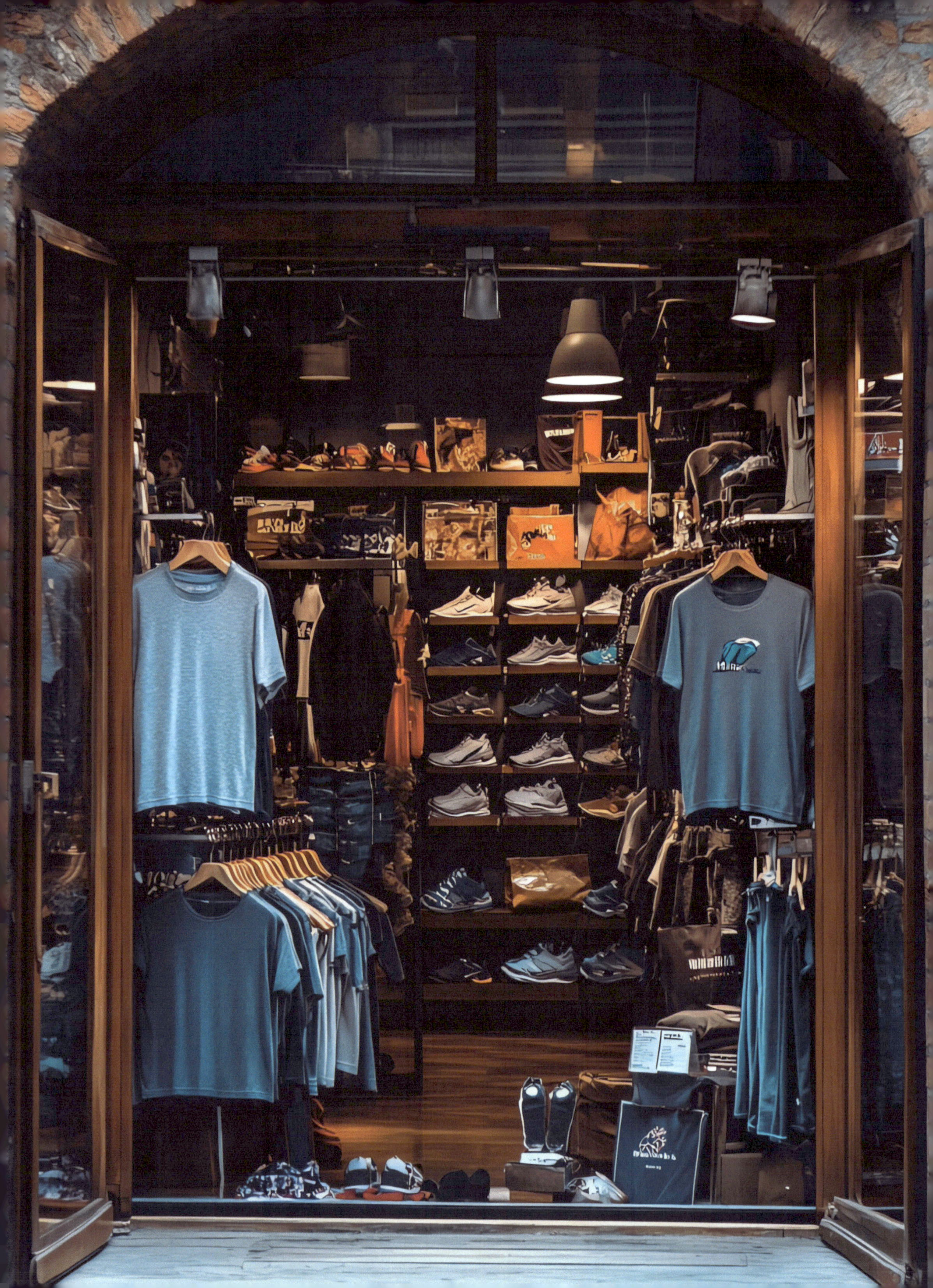

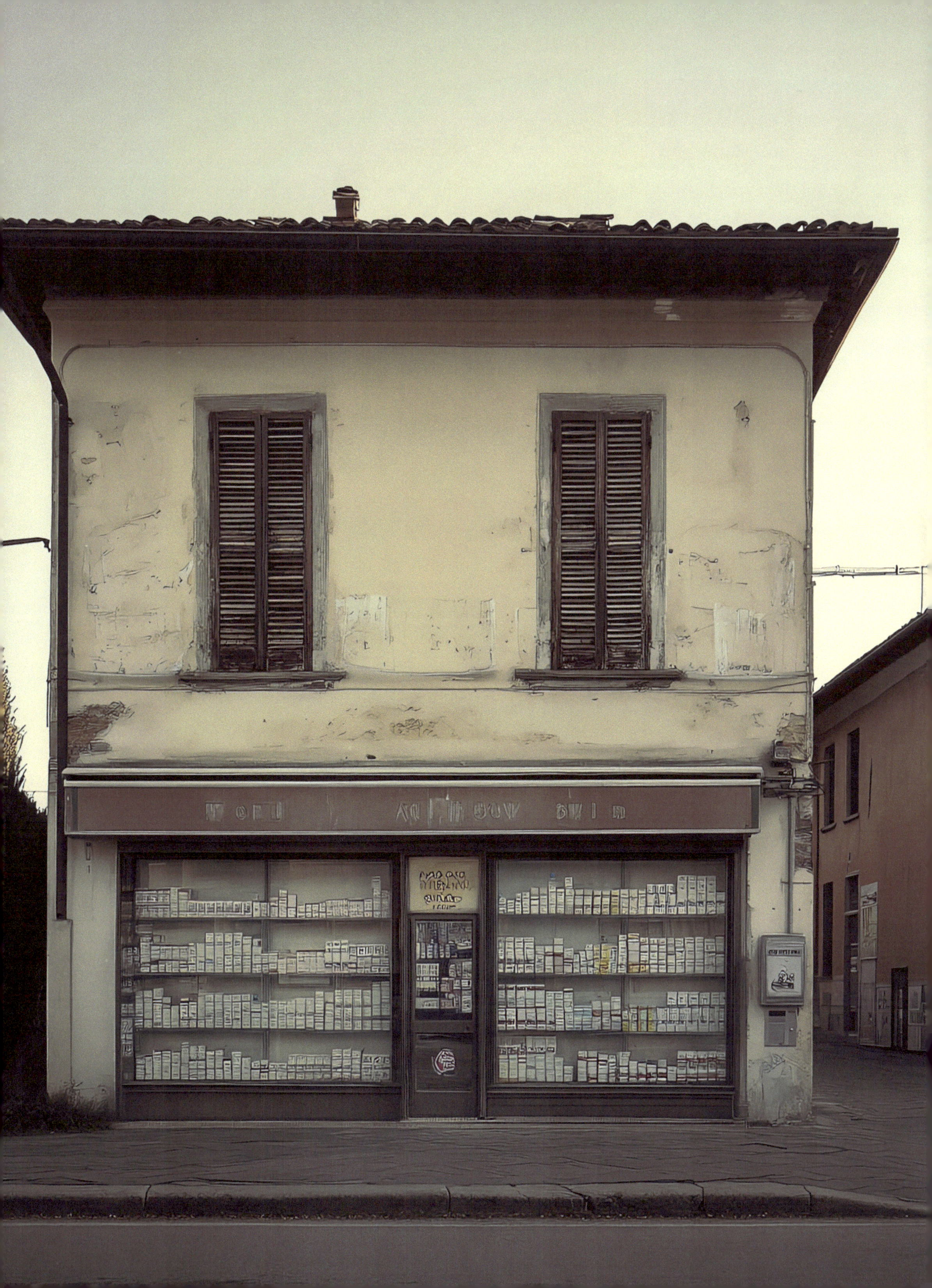

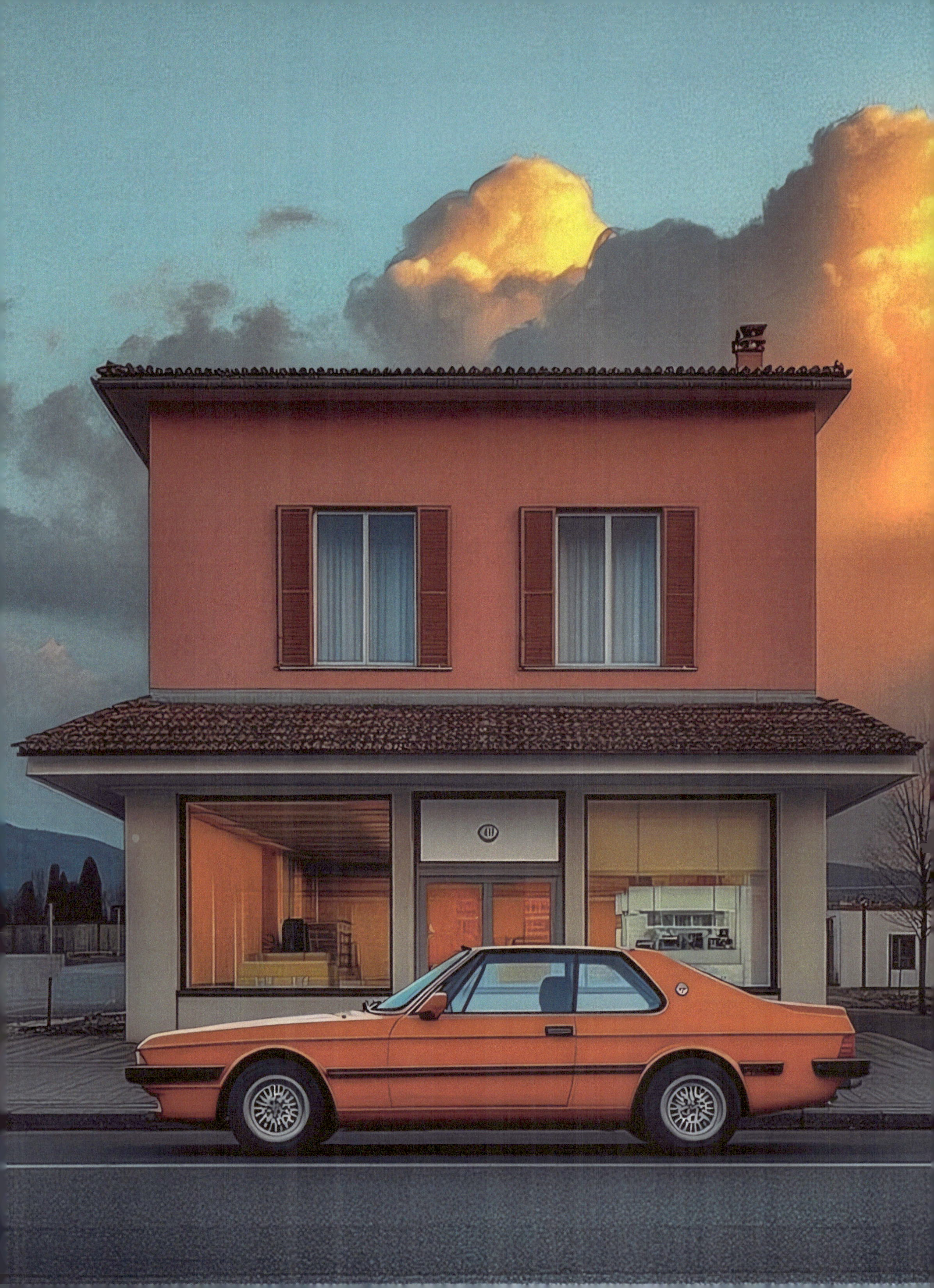

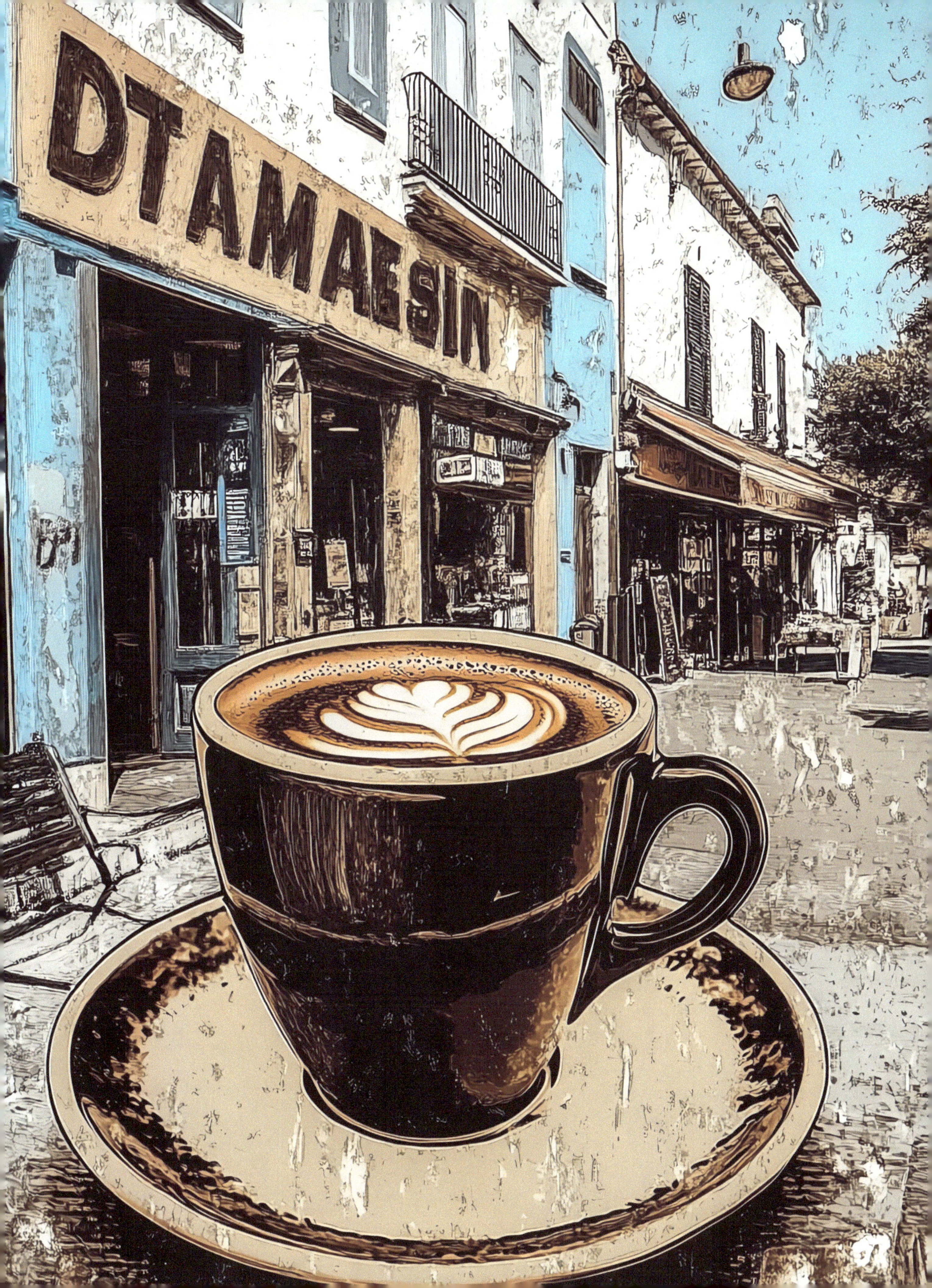
DTAMAESIN

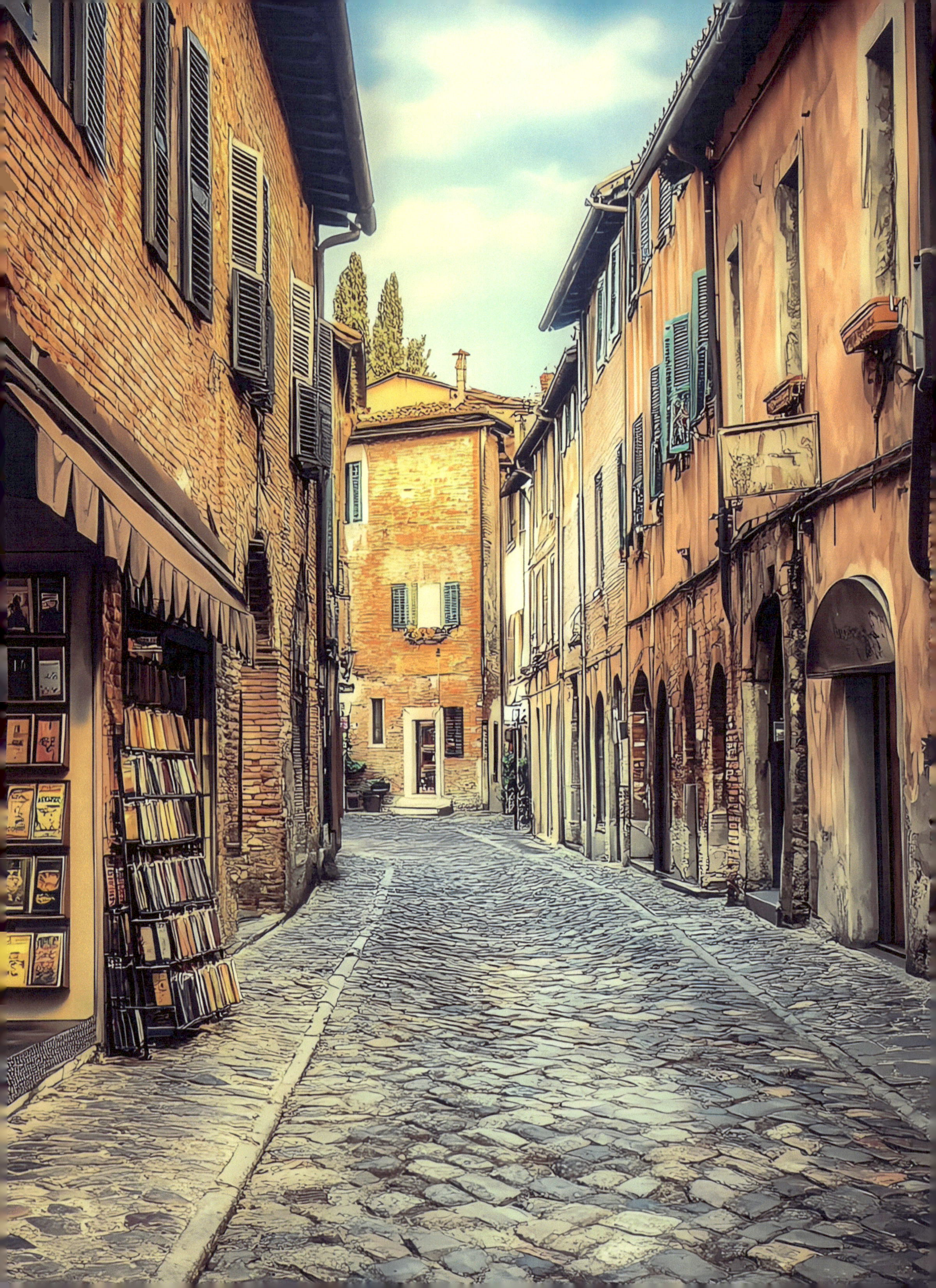

www.ingramcontent.com/pod-product-compliance
Lightning Source LLC
Chambersburg PA
CBHW040422220526
45473CB00004B/1322
* 9 7 9 8 3 0 1 6 9 3 7 6 2 *